湖南省教育科学规划课题研究成果，课题名称：高职教育经费投入绩效评价研究，课题批准号：XJK21BCJ005

高校财务管理改革与创新研究

肖 渊◎著

吉林出版集团股份有限公司
全国百佳图书出版单位

图书在版编目（CIP）数据

高校财务管理改革与创新研究/肖渊著. -- 长春：吉林出版集团股份有限公司, 2023.4
 ISBN 978-7-5731-3277-2

Ⅰ.①高… Ⅱ.①肖… Ⅲ.①高等学校—财务管理—研究—中国 Ⅳ.① G647.5

中国国家版本馆 CIP 数据核字 (2023) 第 085057 号

高校财务管理改革与创新研究
GAOXIAO CAIWU GUANLI GAIGE YU CHUANGXIN YANJIU

著　　者	肖　渊
责任编辑	黄　群
封面设计	李　伟
开　　本	710mm×1000mm　　　1/16
字　　数	225 千
印　　张	12.5
版　　次	2024 年 1 月第 1 版
印　　次	2024 年 1 月第 1 次印刷
印　　刷	天津和萱印刷有限公司

出　　版	吉林出版集团股份有限公司
发　　行	吉林出版集团股份有限公司
地　　址	吉林省长春市福祉大路 5788 号
邮　　编	130000
电　　话	0431-81629968
邮　　箱	11915286@qq.com
书　　号	ISBN 978-7-5731-3277-2
定　　价	75.00 元

版权所有　翻印必究

作者简介

肖渊，男，1979年4月出生，湖北恩施人，汉族，武汉大学公共事业管理（财务会计）专业本科毕业，武汉大学教育经济与管理专业硕士毕业。现任长沙航空职业技术学院总会计师，管理学副教授，主要研究方向为财务管理和高教管理。

成果主要有：公开出版专著2部，公开发表学术论文22篇，主持国家级课题子课题1项、主持省级课题1项，主持市厅级课题1项，主要参与市厅级以上课题4项，主持省级教学建设项目7项，系全军和教育部及湖南省财政厅、工信厅项目评审和绩效评价专家。

前　言

自 20 世纪末以来，我国的高等教育进入蓬勃发展阶段，高校学生人数、校园规模急剧扩张，实现了跨越式发展。随着高等教育改革的深化，高校法人地位的确立，高校办学模式从依靠国家财政拨款转变为多渠道筹资。近年来，伴随高等教育财政体制改革走向纵深，高校外部环境、内部环境的变化是十分深刻的，经济活动也愈发复杂，高校作为独立主体，可以支配的经费越来越多，财务权力也越来越大，但是高校财务管理在拨款体制、成本管理、债务管理等方面仍然存在一些问题。高校改建、扩建引起的负债对学校财务管理和融资造成困扰，办学成本测算缺乏规范，财务控制制度不健全，这些问题已经严重制约了高校的经济发展。因此，高校财务管理必须适应新形势的发展要求，建立健全的财务内控制度，加强对高校财务风险的防范与控制，对成本管理方法进行创新，继而更好地服务于学校教学科研和广大师生。

高校财务管理是高校根据办学方针、国家和地方性法规制度，以学校办学目标实现为中心，对各项财经活动进行组织，对各种财务关系加以处理的一种管理活动。伴随我国改革开放持续推进，高等学校也经历了很大变化，这些变化都需要高校进行适应并探索新的发展空间。

本书第一章为高校财务管理概述，分别介绍了高校财务管理背景、高校财务管理环境、高校财务管理目标和高校财务管理四部分内容；第二章为高校财务预算及资产改革研究，分别介绍了高校预算管理强化路径探索和高校资产管理强化路径探索两部分内容；第三章为高校财务绩效管理及控制改革研究，分别介绍了高校财务管理绩效概述、高校财务管理绩效评价体系构建和高校组织人事与行政领导控制三部分内容；第四章为高校财务风险及预警研究，分别介绍了高校财务风险概述、高校财务风险预警系统构建和高校财务风险防范机制研究三部分内容；第五章为高校财务管理创新路径研究，分别介绍了高校财务管理创新的国际借鉴、高校财务管理理念和观念创新和高校财务管理技术创新三部分内容。

  在撰写本书的过程中，作者得到了许多专家学者的帮助和指导，在此表示真诚的感谢！限于作者水平有不足，加之时间仓促，本书难免存在一些疏漏，恳请同行专家和读者朋友批评指正！

肖渊

2022 年 11 月

目录

第一章　绪论 ·· 1
　　第一节　高校财务管理背景 ·· 3
　　第二节　高校财务管理环境 ·· 19
　　第三节　高校财务管理目标 ·· 27
　　第四节　高校财务管理内容 ·· 31

第二章　高校财务预算及资产改革研究 ·· 33
　　第一节　高校预算管理强化路径探索 ···································· 35
　　第二节　高校资产管理强化路径探索 ···································· 51

第三章　高校财务绩效管理及控制改革研究 ································ 57
　　第一节　高校财务管理绩效概述 ·· 59
　　第二节　高校财务管理绩效评价体系构建 ···························· 69
　　第三节　高校组织人事与行政领导控制 ································ 75

第四章　高校财务风险及预警研究 ·· 97
　　第一节　高校财务风险概述 ·· 99
　　第二节　高校财务风险预警系统构建 ·································· 107
　　第三节　高校财务风险防范机制研究 ·································· 127

第五章　高校财务管理创新路径研究……………………………………145
　　第一节　高校财务管理创新的国际借鉴……………………………147
　　第二节　高校财务管理理念和观念创新……………………………161
　　第三节　高校财务管理技术创新……………………………………175

参考文献……………………………………………………………………187

第一章 绪论

本章包括以下四个方面,分别为高校财务管理背景、高校财务管理环境、高校财务管理目标和高校财务管理内容四部分内容。

第一节　高校财务管理背景

一、我国高等教育财政政策概况

研究高校财务管理问题需要先了解我国高等教育的财政政策情况，这是高校财务管理的政策支持，是其改革和发展的重要背景。在复杂的经济环境下，掌握财政政策是高校开展科学财务管理的基本前提。

（一）我国高等教育的财政来源

我国的高等教育财政体制与行政管理体制和财政管理体制之间具有紧密联系。此处所说的"高等行政教育管理体制"，是立足宏观视角下的管理体制，简而言之，并不涉及学校内部的管理体制；高等教育的财政管理体制强调事权与财权的有机统一，在高等教育财务管理中发挥着重要作用。从国家管理的高度来看，国家行政管理体制中包含了高等教育管理体制，并且该体制随着我国社会发展不断更新和改革。

1.条块分割时期，高等教育财政来源根据"所属"确定

中华人民共和国成立后，施行计划经济体制。这种经济体制具有高度集中的特点，由中央统一管理，中央针对不同行业，设立众多管理部门。

基于该项经济体制，为了加强人才培养，各管理部门专门设立了为本部门输送人才的高校，如交通大学和铁道学院就是原铁道部为了培养专业人才设立的高校，这些高校会根据行业发展的实际需要培养相应的人才。地方政府按照属地原则管理本地高校，同时还需要适应当地的发展需要，适当地在本地开设高校。可以看出，在这样的管理体制下，我国当时的高等教育由中央直接经办和垄断，从整体上看，中央各部门所属和地方所属的高校并存，中央各部门和地方政府按照规定对自己管理范围内的高校进行管理。我们将中央各部门所属的高校称作"条"，将地方所属的高校称作"块"，所以该时期是高校管理的条块分割时期。

在当时这种管理体制下，管理者负责自己管辖的高校的投资事项，并且不向学生收取学费，同时还需要为困难学生提供较大数额的助学金，以此维持贫困学生的基本学习和生活。教育经费列入国家预算，对高校进行统一领导，由中央、省（直辖市、自治区）、市、县分级管理，可以看出这个时期的高校财政来源单一；在大学生毕业后通常也会直接进入"对口行业"或者在相应地区开始工作，就业选择比较单一。同时，高校会向自己的主管部门提出科研计划，从主管部门获得科研经费开展相应的科学研究。

因为当时我国实施计划经济体制，条块分割的高等教育体制正好与计划经济体制相适应，这就决定了我国高等教育当时必须实行条块分割的高等教育管理体制。一方面，在这种高等教育管理体制下，高校可以为各行业和地区输送大量高素质人才，开展具有针对性的科学研究，有效地推动各个行业和地区的发展；另一方面，这种管理体制存在显著缺陷，高校严重缺乏办学自主性，而这就导致了高等教育管理体制经常出现部门分割、重复建设和效益低下等问题。之后，我国逐渐建立了社会主义市场经济体制，在这种体制下条块分割的高等教育管理体制明显无法适应，这就导致我国高等教育管理体制必须作出改变，改革势在必行。

2. 两级管理、以省为主时期，省级政府投资高等教育责任加大

随着社会的进步，我国各个行业和领域都发生了变化，高等教育领域也不例外。从1993年开始，我国着手改革高等教育管理体制，其改革的主要方式是"共建、调整、合作、合并"。之所以要改革高等教育管理体制，主要是为了实现如下管理目标——"由中央和省两级管理，以省统筹为主"，管理体制改革的关键在于高校的重新布局、结构重组、中央与地方的职责分工、政府与高校关系重铸等，这些问题都会对我国高等教育发展造成重要影响。对于社会而言，"人才"可谓意义重大，所以，社会的发展与进步，也受到高等教育管理体制改革的直接影响。

我国高等教育财政经调整、改革后，除中央所属高校外，形成了中央和省级人民政府两级管理、以省级人民政府管理为主的新体制。在新体制下，省级政府对全省高等教育进行统一管理，针对高等教育的规模、结构、布局等进行宏观

调控和管理，从而实现更合理的教育资源配置。继1993年的高等教育管理体制改革，2000年我国再次对高等教育管理体制进行改革，并且这是1993年以来改革力度最大、调整学校最多的一次改革调整活动。在此次改革中，通过高校合并的方式减少了高校数量，对于一些省份高校重复单科性学校过多、办学规模效益低的状况进行改善，同时对当时的高校布局结构进行了适当调整。自此以后，我国高校管理体制始终随着社会发展不断改革和调整，管理体制日益完善，高校布局日趋合理，很多高校办学中存在的显著问题被解决，同时还充分调动各地政府的办学积极性，进一步优化教育资源配置，实现办学规模扩大，进一步推动高等教育效益、质量的提升。与此同时，还实现了高校办学自主权的提高，在这样的环境下我国高等教育不断发展并持续改革。高等教育两级管理制度是以省为主的管理体制，这种管理体制主要有两个特点：第一，高校管理由政府主导；第二，贯彻落实财权、事权相统一原则。高等教育财政资源配置位置中心下移，是指在对高等教育发展予以保障与促进方面，省级政府较之过往承担更多的财政责任。

实际上，我国财政管理体制可以从某些方面影响高等教育的财政管理体制。1994年我国开始实行中央和地方的财政分税制，这种制度有效地实现了财政分权，具体来说，就是通过明确政府间的职责、硬化地方财政的预算约束的方式，更好地管理国家财政。实行财政分权，实际上就是明确划分中央政府和地方政府的职责和权力，通过这种方式解决信息不对称的问题，以此有效促进资源优化配置，实现社会福利最大化。通过建立分税制的财政分权体制，可以有效调动地方政府加大教育投资的积极性，可以为我国高等教育的健康发展提供重要条件。同时，我国近年来十分重视教育投资和建设，各省级政府为了响应中央的号召，确实在实践中优先发展教育，2003—2005年，地方政府的教育投资不断增加，并且教育财政支出在总财政支出中所占比例也始终居于首位，由此可以看出新制度对高等教育发展的推动作用。

3.教育成本分担时期，我国的高等教育成本分担形成

随着社会的进步，政府越来越重视教育，各级政府加大对教育行业的投资，

我国高等教育在这样的背景下获得了越来越丰富的财政来源。发生这种变化是中国社会发展的必然结果，教育成本分担机制与我国多种所有制经济共同发展的经济体制相适应，同时这也是国民收入分配格局变化、政府财政收入在国民生产总值中的比例减少以及家庭和企业所占的份额相对增加引起的必然结果。随着我国社会的发展和变革，高等教育财政来源越来越丰富，除了政府财政投入外，还有事业收入、上级补助收入、附属单位上缴收入、经营收入和其他收入。

讨论高等教育财政来源多样化就需要研究教育成本分担，教育成本分担改变了传统的教育财政来源结构，社会各界逐渐成为高等教育财政分担主体，也就是将"谁受益谁负担"的市场经济原则作为基础依据，确定不同主体在教育成本方面承担的责任，从而构建学校、政府、家庭和社会各方共同参与的教育成本分担结构。高等教育的个人收益率高于社会收益率，即使社会经济不断发展，办学规模不断扩大，相较于高等教育收益率来说，个人收益率下降的也比较缓慢。除了在个人效益方面的体现外，高等教育还可以为人们带来更高的社会地位、良好的健康状况等。随着我国社会主义市场经济的不断发展，学生（家庭）在高等教育成本分担中所占比例不断增加，当前学生（家庭）已经成为仅次于政府财政的主要高等教育财政来源。为了适应社会发展，我国自1994年开始实行高校招生"并轨"，取消了公费生、自费生的划分，而是对学生统一收费。1996年，我国政府规定高等教育学杂费水平不超过当年教育培养成本的25%。随着高等教育的发展，高等教育学费收入不断提高，到2005年，中国普通高校学费收入已占其总收入的34.64%，这表明我国高等教育学费收入已经成为高校的最主要财政来源之一。[1]

立足实践不难发现，我国高等教育因成本分担政策而得到了健康的持续发展，尤其在财政紧缩情况下起到了重要作用，但在这样的政策下，个人需要承担的教育成本较高。因此，对高等教育进行科学管理，必须处理好个人成本分担与高等教育发展之间的关系，这是促进我国高等教育发展的关键。

---

[1] 张连绪，王超辉. 我国高等职业教育经费来源中的结构问题与对策[J]. 中国职业技术教育，2013（21）：8-11.

（二）我国高等教育的财政拨款体制

高等教育财政支出体制对于高校财务管理而言，也是意义重大。在高等教育财政保障体制责任划分明确的条件下，相关管理部门为了保障高等教育事业的健康稳定发展，在高等教育的各个环节投入人力、物力和财力，并且保证这种教育资源的分配与使用是以提高资源利用效率为目的的，实际上，财政拨款模式是高等教育财政支出体制的核心。具体来说，宏观支出和微观支出都包含在高等教育财政支出中，这是一个综合概念。

1. 我国高等教育财政投入体制变革

中华人民共和国成立后，我国开始实行高度集中的计划经济体制，受计划经济体制影响，我国高等教育经费投入呈现特征便是"集中管理"，简而言之，就是筹措经费、管理经费的责任，由高等教育的举办者承担。伴随改革开放，我国高等教育经费投入体制也出现变化，呈现出"多元化"特点。20世纪初，基本形成了中央和省级政府两级管理、以省级政府管理为主的高等教育管理体制。

（1）统一财政分级管理阶段

1949—1979年，我国实行计划经济体制。对于高等教育领域来说，当时一小部分高校由地方政府直接领导，而中央各部委领导、管理余下的部分高校。整体而言，在该时期，我国高等教育财政投入体制主要可分为如下四个发展阶段。

第一阶段为统收、统支阶段。在该发展阶段，教育经费由中央、大行政区和省级政府进行三级管理，实行统包制度，中央政府和地方政府根据高校的管理关系对办学经费进行分别安排。

第二阶段为统一领导、分级管理阶段。在该发展阶段，全国财政划分为中央、省级和县（市）级三级财政管理。国家预算包括教育经费项目，国家对教育经费进行统一领导，地方需要向中央申报教育经费需求时，由中央权衡后进行经费划拨。

第三阶段为条块结合、以块为主阶段。在该发展阶段，各级人民政府财政部门，要与同级教育部门协商拟定经费预算编制和下级经费预算核定，同时将教育经费单独列入经费预算之中。

第四阶段为财政单列、"戴帽"下达阶段。也就是说，上级部门按照指标直接向下级部门分配对应的教育经费。

（2）分级财政、分级管理阶段

我国财政管理体制自1980年开始发生了本质改变，1980年前的调整与改革都是以财政统一管理为基准的，而1980年之后，我国从统一财政分级管理体制转变为分级财政分级管理体制，这种转变意味着中央对财政管理实行了分权，我国财政体制转变为中央和地方分级管理。在这种财政体制下，中央政府只对教育部所属高校的经费直接负责，其他高校的教育经费，则由各省级政府负责，如此能够更好地贯彻落实财权与事权相统一原则，实现高等教育财政资源配置下移，更多地发挥省级政府在促进高等教育发展方面的财政作用，减轻中央财政负担。在该时期，我国高等教育的财政投入体制发展大致上经历了以下两个阶段：

第一阶段为财政切块、分级负责阶段。中央财政和地方财政在该时期对高校教育经费进行切块安排，分级负责。

第二阶段为分税制阶段。1994年开始，我国正式实行分税制，该税制的基本特征在于明确划分了中央收入和支出与地方收入和支出，并且明确了各级政府在教育投资方面的具体职责。该制度强调，各级政府都应该按照实际情况在教育投资方面承担一定的责任和义务。这种制度有效地推动了我国高等教育的健康稳定、持续快速发展。

2.我国高等教育财政拨款模式变革

（1）"基数+发展"拨款模式

我国高等教育财政拨款最初采用的是"基数+发展"的拨款模式，这种财政拨款模式遵循定员定额原则。更详细来讲，就是财政拨款将从事业需要、机构规模等实际情况出发，对具体的设备标准、房屋、人员编制进行确定，这种拨款模式将上一年的经费所得作为当年的拨款基数，从而以此为基础合理分配当年的教育经费。这种经费分配方式是将上年的支出结果作为依据的，而并没有进行合理的成本分析，这就可能造成经费分配不合理现象的发生，即单位成本越高的学校获得经费越多，这对于高校开展科学的成本控制的措施造成了阻碍，同时还不利于高校提高经费的使用效率。

（2）"综合定额+专项补助"拨款模式

我国为了适应社会发展，推进高等教育健康发展，于1986年推行高等教育财政拨款模式改革，明确了高等教育财政拨款采取"综合定额+专项补助"模式。1986年10月我国出台了《高等院校财务管理改革实施办法》，明确规定了我国高等教育经费预算核定办法。高校年度教育事业经费预算由主管部门负责核定，核定时，要立足高校所在地实际情况、学生实际需要、教育学科类，将国家实际财力情况作为参考，人们也将这种核定办法称为"综合定额+专项补助"。属于地方政府管理的高校采取相似的财政拨款标准公式。具体来说，需要充分参考标准普通本、专科生人数，同时引进为主要拨款依据，将引进生师比、生均教学行政用房、生均教学科研仪器设备值、生均图书、具有研究生学位教师占专任教师的比例这几个体现基本办学条件要求的调控参数，核定财政拨款，充分利用资金实现扩大学校规模、改善办学条件、提高办学质量的目标。

这种财政拨款模式基于平摊思维，也就是将维持高校正常运营的支出平均分摊到每个学生身上，以学生在校人数为基准拨付相应的财政补助金。"综合定额+专项补助"拨款模式是对"基数+发展"模式的一种升级和发展，更好地体现了公式拨款法的优点。该教育经费拨款模式以对高校的初步成本分析作为基础，可以更好地反映高校成本运行规律，以此可以有效提升高校财务运作的透明性和公正性。不可否认的是，这种模式在实施过程中还存在很多问题，主要包括以下两点内容：

第一，"综合定额+专项补助"拨款模式仅将高校的招生人数作为其拨款基准，而高校的实际培养成本、效益回报和高校学科专业特色等则不在考虑范围内，这就导致财政拨款无法有效地实现政府拨款作为对高等教育发展宏观调控、实现政策目标的主要经济手段的功能，同时在高校投资越来越多元化的今天，这也不利于调动其他社会资源的积极性，严重的甚至可能导致高校陷入通过不断扩招实现财务目标的困局。

第二,"综合定额+专项补助"拨款模式属于单一公式拨款方式,无法保证真实性和准确性。过于死板的拨款模式,不能适应动态高等教育成本的变化情况,导致教育资源十分有限的微观办学主体可能采取一定的不正当竞争行为。此外,这种拨款方式无法体现拨款机制的多目标要求,仅仅将学生人数作为单一的政策参数,这也就无法发挥多政策参数的作用,无法切实有效地对高校办学产生多重激励。

为此,我国财政部门也在不断推进现有的高等教育财政拨款模式的更新,从而提高其科学性、有效性。

当前,已在现有拨款模式中引入效率与公平原则,旨在监督财政资金使用的全过程,尤其是"事前监督"。

伴随社会的不断进步与发展,我国对高等教育的改革发展也予以更多重视,为更好地与教育发展要求相适应,中央财政在20世纪90年代以后开始大力促进高等教育的发展,通过这种方式有效地增加了专项资金投入。原国家教委对教育专项资金进行专业的项目管理,以此更高效地发挥教育专项资金的宏观调控功能。具体来说,原国家教委会针对项目的立项、论证与评估、执行和监督等全过程开展全面、仔细地管理与跟踪。此外,还需要通过专业的中介评估机构对已经完成的项目进行全面评估,通过科学评估投入资金的使用,促使资金使用效率提升,从而更好地实现资金效益目标。

(三)《政府会计制度》的革新

1.《政府会计制度》改革重点

我国在全面推行政府会计改革过程中,一方面,主要推行两种主要的功能模式,一是财务会计功能模式,二是预算会计功能模式;另一方面,推出了两种财务报告模式,也就是既能够进行预算会计核算,同时也可以作为一种决算报告构建财务核算;除此以外,出现了两种基本形式,针对于预算会计工作可以进行收付实现制的落实,而对于财务会计来说,可以实行权责发生制。将《政府会计制度》落实到财务管理工作中,有助于增强财务会计工作的基本职能和工作效果,也可以为后续财务部门进行横向比对工作提供极大的便利。

具体来看，在完善会计预算制度的过程中，《政府会计制度》改革主要是针对预算会计科目的具体内容进行了优化与整改，同时也进一步扩大了核算的内容范围，完善会计预算制度，对会计核算工作提出了更高要求；在目前会计制度的具体要求下，需要基于预算会计数据等内容对决算报告等进行编制，其中具体内容数据需要包含预算报表或者其他应该显示在报告中的数据材料。针对财务核算模式的改革，《政府会计制度》主要应用了两种具体的核算模式。针对于财务报告，《政府会计制度》的改革对其提出了更高要求，这主要是基于财务核算模式的转变，所以在进行会计核算时，具体要素以"5+3"要素为主，其中"5"代表了财务会计的资产、净资产、收入、费用以及负债，"3"代表了预算会计的收入、支出以及结余。

2.《政府会计制度》改革对高校财务管理的影响

基于《政府会计制度》改革，高校在开展财务管理工作时面临着更大的挑战，主要表现之一就是核算方法逐渐向着财务会计核算和预算会计核算有机结合的综合核算模式方向发展，同时在财务管理工作中，高校还需要加强对于成本的控制工作，需要进一步规避财务风险，强化财务报告的具体要求。所以《政府会计制度》改革影响着高校资金的具体使用效益，高校财务管理工作人员的工作模式和观念方法等也需要进行创新与改革。

一方面，对会计核算工作产生了影响，进一步增强了会计核算工作的难度。核算模式由单一转变为双重综合模式。在此背景下，高校需要在会计核算体系的编制中纳入财务和预算内容，具体到会计核算工作中，就需要全面考虑到高校的负债、收入以及具体资产等相关要素，只有这样才能够得到科学有效的财务核算报告。

另一方面，对财务会计报告产生影响。《政府会计制度》改革下，高校开展财务管理过程中需要日益完善财务会计报告体系，也就是需要在原本的基础上，根据财务会计核算的具体数据，将预算会计核算数据纳入年度会计报告的编制依据中。随着《政府会计制度》改革下财务会计报告体系的优化与完善，高校的财务报告需要更加全面、详细与严密，从而推动高校实现可持续发展。

高校财务管理工作人员也需要具备更加丰富的经验与实践技能，提升自身综合素质，加强对于财务工作的综合把握，做到与时俱进，将《政府会计制度》改革的具体内容落实到财务管理工作中，逐渐适应新的财务管理工作。

二、高校理财环境的变化情况

近年来，我国的市场经济体制不断完善，教育体制改革也逐步深化，教育市场的开放程度也不断加深，这就导致我国高校理财环境发生了一定变化，对我国高校财政管理产生了深刻影响。一方面，我国高校正处在着力提高高等教育质量，努力增强高校科技创新与服务能力的重要时期；另一方面，高等教育体制改革的主要目标是建立现代大学制度，并以此为依托，逐步建立学校面向社会自主办学、政府宏观管理的新体制。高校财务工作是高校所有工作的基础，是高校提高教学质量、提升工作效能的保证，是保持高校稳定发展的关键。因此，进一步加强高校财务管理显得尤为重要和迫切。

（一）高校有关发展和管理的形势

首先，随着高等教育的不断发展，我国高校的办学规模不断扩大，这就导致高校资金问题日渐突出，相关经济活动也越来越复杂多变。其次，建立高校的多渠道的融资体制已迫在眉睫，并且国家财政补助占高校经费总额的比例呈逐年缩小的趋势。此外，高校发展模式正在由外延式逐步走向内涵式，这些无不表明高校财务管理的内涵与外延正在发生变化，客观上对高校财务工作提出了更高的要求。

（二）国家有关高校的发展形势

在全新背景下，我国高等教育体制改革的目标发生了变化，就是将学校面向社会自主办学、政府宏观管理的高等教育体制建立起来。唯有如此，才能对市场经济体制下高等教育发展的现实要求予以满足，我们首先就要建立并不断完善适应高等教育改革的现代大学制度。市场经济的竞争机制已延伸至高等教育领域的方方面面，包括学校与学校之间、学校与社会企业之间都存在着激烈的竞争。同时，随着财政体制改革的深入，政府依照公共财政要求，将不断集中财力，把重点高校的重点项目办好，并进一步增加对基础教育方面的投入。除此之外，多种所有制高校数量也实现大幅增加，为高校财务管理迈向国际化方向起到强大推进作用。

三、高校财务制度的变化

我国高校自2013年开始施行《高等学校财务制度》，新的高校财务制度相较于1997年颁布的《高等学校财务制度》发生了很多变化。新制度基本保持了旧制度的结构体系，但也从高等教育发展实际情况出发，进行了适当调整：主要是将"事业基金管理"这一章删去，又增加了两章内容，分别是"净资产管理"和"成本费用管理"，在净资产的限定性净资产管理等部分放入专用基金管理等内容，在"成本费用管理"部分中，加入了原属于支出管理部分的费用——归集分摊、经济核算等内容，改原第六章"结余及其分配"名称为"结转和结余管理"。

下面，我们针对新制度的具体调整，进行更详细的说明：

（一）财务管理体制的变化

为进一步规范高等学校财务行为，加强财务管理和监督，提高资金使用效益，以促进高等教育事业的健康发展，各大高等院校开始实施由财政部、教育部引发的《高等学校财务制度》，现针对新旧制度内容进行简要分析和对比。

1. 关于财务人员管理的改变

高校按照旧制度规定，应当在校内对财务会计机构进行设置，同时还需要配备相应的专职财会人员。只有在获得上一级财务主管部门的同意后，才可以对该级财会主管人员的任免作出决定，不可以对校内各级财会主管人员进行任意调动或撤换。财务部门会同相关部门办理财会人员的调入、调出，对专业技术职务进行评聘。

新制度没有修订有关财会人员配备方面的问题，重点修订了财会人员的管理，修改、调整了相关文字表述。新制度规定学校一级财务机构会同相关部门，负责办理校内财会人员的调出、调入,以及专业技术职务的评聘,除此之外,也要负责任免、撤换或调换校内二级财务机构负责人。

2. 关于财务管理机构的改变

新制度没有修订二级财务机构的职责,也没有修订学校一级财务机构和二级财务机构的关系,重点修订的是需要设置二级财务机构的范围,修改"高等学校校内后勤、科技开发、校办产业及基本建设等部门"为"高等学校校内非独立法人单位"。之所以这样做,主要原因在于大部分高校的科技开发与校办产业,在改制之后,已然被并入学校的资产经营公司,而资产经营公司的财务遵循的制度,是企业财务管理制度;基础建设部门财务大部分已然被并入学校财务处,修订后的《高等学校财务制度》和《事业单位财务规则》都将其向高校的财务管理体系合并;学校的二级财务机构不能是独立法人单位,这是由于根据法人登记注册的要求,其必须是独立设置的财务机构和人员。

(二)单位预算管理的变化

1. 预算的调整

新制度相较于旧制度增加了"高等学校应当严格执行批准的预算"的规定。由于"财政补助收入"属于财政从国库向事业单位核拨的资金,而不再对"预算外资金"这一概念进行使用,所以经批准,教育收费暂时不向国库上缴,依然采用财政专户管理。新制度规定,一般而言,国家不调整从财政专户核拨的预算外资金和财政补助收入。

2. 预算编制和审核程序

为了使高校财务更好地适应高校财务预算管理的程序,新制度明确规定高校预算编制和审核程序经法定程序审核批复后执行。

3. 预算编制方法

新制度对"校级预算和所属各级预算必须各自平衡,不得编制赤字预算"这一要求予以取消,其原因在于,伴随经济社会不断发展,对于高校来说,适度负债已然成为自身发展的重要措施之一,不再适应于预算平衡原则;当财务"大"

体系改革中容纳基本建设后,在基本建设大规模投资的个别年度,"不出现赤字"或"预算平衡"都是很难实现的。

4. 预算编制原则

在旧制度中,"必须坚持"是预算编制原则;而新制度则表明,"量入为出,收支平衡"是预算编制的总原则;收入预算编制贯彻落实的原则为"积极稳妥",而支出预算编制贯彻落实的原则为"勤俭节约""保证重点""统筹兼顾"等。

(三)收入管理的变化

新制度关于收入的规定相较于旧制度更全面,"收入"在新制度中被划分为经营收入、附属单位上缴收入、上级补助收入、事业收入、政府补助收入、其他收入等,与此同时,新制度也专门具体修改了政府补助收入、事业收入的有关内容。由于收入来源有着不同渠道,我们也可以概括其为学校自筹、政府投入、其他收入。

1. 政府补助收入

新制度明确了"政府补助收入"的概念。在旧制度中,政府补助收入的概念为"高等学校从财政部门取得的各类事业经费",新制度则将其修改为"高等学校从同级财政部门取得的各类财政拨款",扩大了财政补助收入的概念内涵。

2. 事业收入

在旧制度中,事业收入分为"教学收入""科研收入";在新制度下,事业收入划分为"教育事业收入""科研事业收入"。新制度扩展了教育事业收入的具体内容,增加了对教育事业收入上缴国库或财政的管理条款,其原因在于,从部门预算的改革要求出发,不再使用"预算外资金"这一概念,同时规定,针对高校的收入,依旧实施财政专户管理。

3. 增加有关上缴国库和财政专户的管理要求条款

为实现事业单位收入管理的强化,确保能够依照规定,按时足额缴纳应当上缴财政专户或国库的资金,避免发生挪用、挤占、截留、隐瞒等问题,新制度增加了如下规定——"高等学校对按照规定上缴国库或者财政专户的资金,应当按照国库集中收缴的有关规定及时足额上缴，不得隐瞒、滞留、截留、挪用和坐支"，与《事业单位财务规则》的新要求相适应。

（四）支出管理的变化

1. 重新修订支出分类

（1）事业支出

新制度对"事业支出"的分类作出较大修改。新制度明确规定，高等学校开展科研、教学及其辅助活动时，发生的项目支出、基本支出，都属于事业支出。所谓基本支出，指的是高校为实现科研、教育、运行等目标发生的支出，包括人员支出和日常公用支出。项目支出是针对特定工作任务和事业发展目标而言的，这是高校运行过程中，在基本支出以外发生的财务支出部分。新制度取消了旧制度对事业支出内容的八大分类。

（2）其他支出

在新的高校财务制度中，增加了对"其他支出"的规定，有效地补充了原有高校财务制度关于收入的规定。按照新制度的规定，其他支出就是本条上述规定范围外的各项支出，包括捐赠支出、利息支出等。

2. 增加支出管理内容

新制度规定，高等学校应当依法实现各类票据管理的强化，保证票据有着真实的内容、合法的来源，严禁对虚假票据进行使用，如若发现，必须及时予以纠正。高等学校应当对有关规定进行严格执行，如政府采购制度、国库集中支付制度等，高校应当开展科学的支出绩效评价，实现资金使用有效性的提升。

（五）负债管理的变化

1. 加入负债风险控制管理

随着外部环境剧烈变动，高校面临更多风险，尤其随着负债已经成为高校实现发展的一种手段，高校必须进一步强化负债风险管理，进一步建立健全的负债风险控制机制，对借入款项管理予以强化与规范，让审批程序更加严格。财政部门要会同主管部门对具体办法予以制定。

2. 修订负债内容

旧制度的"暂付款"在新制度中被改为"预付账款",同时,新制度中对"借入款项"予以进一步解释说明。借入款项包括高校为周转流动资金或基本建设工程而向银行借入的长期、短期的款项,应付及预收款项包括高校应付账款、应付票据、应付职工薪酬、其他应付款以及预收账款等款项。新制度也对"应缴款项"的内容解释进行修订,从社会改革以及国库支付改革新要求出发,将"应当上缴国库或财政专户财政的资金、社会保障费"方面的内容增添其中。

第二节 高校财务管理环境

环境对高校财务管理的影响不容小觑。在新形势下，高校财务管理也面临着新的变化，如果墨守成规，以传统环境为标杆进行实践，可谓是刻舟求剑。因此，探讨诸多新环境的情况，尤为重要。

一、新环境：新的会计准则与制度

（一）新的会计准则对高校的意义

1. 改革公共财政管理体制

近年来，我国公共财政管理体制变革可谓巨大，财务会计制度体系愈发完善，与国际会计逐渐同步发展。公共财政制度提出"一个部门、一本预算"的要求，也就是说，高校整体预算应当涵盖在会计独立核算的基本建设项目的后勤预算与收支预算；提出"一个基层预算单位对一个零余额账户进行开设"的要求，国库集中收付实施后，高校一定要对相应的会计科目进行设立，从而将零余额账户的信息反映出来，原高校会计制度的范围，被大量新的会计业务内容超越；基于政府采购制度，相应采购款将根据采购情况以及预算，向供应商直接拨付，而非拨给高校，因此，相应业务的会计核算也会发生改变，要对国有资产管理进行强化，对固定资产分类及价值标准进行调整，将资产使用情况完整而真实地反映出来，对资产进行合理配置、有效利用，避免发生资产流失情况。所以，从公共财政管理体制改革的需要来看，高校会计实践必须接受新的会计制度的指导。

2. 规范高校会计核算

伴随高等教育体制改革逐渐走向纵深，高校外部环境、内部环境都有着深刻变化，经济活动也日益变得复杂。无论目前还是今后，对于高校会计工作来说，怎样将教育经费使用好、管理好，保证能够有效、安全、规范使用经费，都是重中之重。高校必须对高校会计核算进一步规范、强化，从而将高校整体资金收支状况真实、准确、全面地反映出来。

高校会计核算涉及如下内容：成本核算、各种收支按月核算、各种资产减值核算、固定资产折旧核算等。预算执行以"规范的高校会计核算"为关键，规范的高校会计核算依照有关规定对决算管理予以实施，确保预算执行有效；规范的高校会计核算，能够为安全、正确使用各类财政拨款资金提供保障，能够实现资金结转、结余管理的完善，能够实现结转、结余资金使用上的统筹；依照相关核算方法和对象，归集业务活动中发生的各种费用，并对之进行分配与计算，继而实现成本核算的强化与细化。

会计科目是从经济管理的要求出发，根据经济业务的内容，分类核算会计要素的具体内容的科目，在对会计科目进行调整、增减的时候，必须从实际应用出发，如此才能实现会计核算内容的改变，对会计核算进行规范。

（二）新的会计制度对高校财务管理的影响

1. 高校财务管理工作重心从"核算型"转向"决策型"

新的会计制度相较于旧的会计制度，有诸多创新与革新，并对高校成本、资产、预算、财务等方面的管理需要予以兼顾，对高校财务管理工作有着更高要求。

伴随高等教育持续进步、发展，高等教育经费来源渠道也愈发多元，包括利息收入、贷款收入、科研收入、社会捐赠、产业收入、收费收入、财政拨款等方面。高校有着日益增强的自我筹资能力，因而也对经费使用的效率、效果予以更多重视。在这样的大环境、大形势下，高校财务管理工作重心亟待改变，不能再坚持传统的将会计核算、日常事务管理视为主要职能的观念，而应当从"事务型""核算型"转变向"管理型"，将财务工作重心转移到对学校各项经济事务的事前计划、预测，事中控制、监督，事后评价、考核上来，服务于学校的决策。

2. 增强了高校财务风险管理

新的会计制度提出，高校应当对资产负债信息进行夯实，明确规定高校会计"大账"应定期并入高校的基建投资业务；明确要求高校年度财务报表中应当统一纳入校内独立核算的会计信息，实现高校会计信息可比性、完整性的增强，将高校债务构成、债务总额明确反映出来；明确要求高校实现财务风险防范的强化，进一步加强资产管理和债务监控管理。

3. 强化了高校的受托资产管理责任

新的会计制度增加了部分会计核算内容，主要包括国有资产管理、部门预算、政府收支分类、国库集中支付相关内容，同时要求进行无形资产摊销和"虚提"固定资产折旧，注重反映政府将高校资源或决策权委托给高校进行管理的效率和效果，对结转结余、结余分配的会计核算进行全面规范，从而实现高等教育产生的经济效益、社会效益的提升，所以，新的会计制度增加的会计核算内容，强调高校必须科学地对受托管理的这部分资源进行会计核算和反映，将其作为主管部门科学、客观评价高校使用受托教育资源和实施内部控制机制的效果、效率、效益的依据。

4. 强化了高校成本核算与控制

基于旧的会计制度，新的会计制度进一步对高校的收支核算管理、分类核算收入与支出进行规范，同时要求配比相应的收入与支出，实现了成本核算、控制的强化；创新引入了"虚提"固定资产折旧和进行无形资产摊销，从而将资产价值更为真实地反映出来，从信息方面提供支持，有助于高等学校预算执行力的评价、高等教育经费使用效率与效果的评价、高校资产使用效果的考核、高校内部成本费用的管理。

5. 强化了高校预算管理

新的会计制度对高校事业支出科目的设置进行细化，进一步细分原会计制度下"教育事业支出"科目核算的内容，包括"离退休支出""后勤保障支出""行政管理支出"和"教育事业支出"，对高校各类支出的信息、结构分层次、清晰地反映出来，让高校事业支出情况的核算变得更清晰，与高校预算管理需求相符合，提供数据方面的支持，让高校能够更好地管理内部成本费用、提高经费使用效率。除此之外，新的会计制度还对收入支出表的结构进行调整，对财政补助收入支出表进行增加，让其既能够对高校收入与支出总额信息进行反映，又能对各种不同来源资金的收支情况、结转结余情况进行反映,更能将高校预算计划、目标完成与管理情况反映出来。

二、新环境:知识经济时代

现如今,市场经济体制改革进一步深入,人们迎来了知识经济时代,高校的生存与发展也面临新的环境。高校财务管理工作密切关联高校管理,因而迎来全新挑战,其财务管理工作并非如以往一样,局限于核算管理、筹资运作领域。

知识经济有着极高的技术含量,它以知识为基础。高校中汇聚众多人才,其发展目标便是对人才的培养、对知识的传授以及将最佳社会效益创造出来。高校是高新技术创新的发源地,也是科技人才的培养基地。知识经济的时代必将是教育的时代,知识经济的社会也必将是学习的社会,而高校身处其中,所肩负的使命责无旁贷。在高校的各项管理工作中,都渗透着高校财务管理工作的"影子"。高校财务管理在知识经济社会正迎接全新生存环境的挑战,也面临发展与改革的全新机遇。

伴随电子商务的蓬勃发展,网络信息时代的到来及全球知识经济的兴起,高校的教育环境、政治环境及经济环境都发生了一系列变化。为与发展需要相适应,从20世纪末开始,各大高校相继进行大规模的重组及合并,而这也对高校财务管理提出了新的要求。高校财务管理是一项经济管理活动,具体来说,就是高校对各种财务关系进行处理,对自身财务活动加以组织。伴随"以财政拨款为主,多种渠道筹措教育经费为辅"体制的建立,财务管理的职能主要表现在如下方面:财务监督,健全体制;财务分析,财务报告;资产合理配置,资产管理;使用资金,预算控制;分配资金,编制预算;筹措资金,拓宽渠道。

财务管理既要对财务信息进行研究,对财务指标加以分析,又要将综合财务信息系统建立起来,进行多角度、全方位的研究与分析;既要预算编制、预测分析、决策分析及控制,又要基于战略性高度,全面分析部分非财务指标的业绩评价,同时将高校财务管理网络信息系统等建立起来。

三、新环境：互联网高速发展

（一）信息化环境下的高校财务管理

高校需要将信息化的财务管理平台建设起来。置身科技时代，信息传播极为迅速，高校想要创新财务管理模式，就应当立足市场前沿，对第一手资料进行掌握，实现动态管理。同时，要将"建立数字信息化平台"作为重中之重，依托不断发展成熟的网络技术，对财务管理平台进行搭建，适时地对各院、系预算的执行情况和高校财务的整个预算情况予以控制、掌握。

高校需要对信息化平台进行搭建。这一举措，能够确保高校一级财务机构将财务绩效监督工作落实到位，对财务收支情况进行掌握，实现资金落实，确保高校有着顺畅无阻的资金流动、资金来源，实现财务运转工作速度的提升。

为使信息平台得到更充分地利用，高校应当整合复杂多元的第一手信息，并对之分析、加工；分门别类地筛选、核对初始信息，确保信息准确、正确；分析、判断核实的数据，将合理化的建议、意见提出；领导依据提出的建议、意见作出决定，对财务计划进行调整，将坚实的技术基础打牢，助力高校革新发展。

纵观高校财务管理全过程，财务计划决策的及时性和准确性与信息及时反馈程度息息相关，受其直接影响。并且，在整个高校发展过程中，信息及时反馈程度也发挥着导向作用，分外重要。因此，高校要实现财务管理模式的革新，就要对信息化建设予以更多重视，进一步强化管理动态信息，实现辨别、分析能力的提升，让反馈结果更加及时、准确，从而为高校教育建设、财务建设提供更优质的服务。

（二）网络经济环境下的高校财务管理

1.高校财务管理内容上的创新

对于高校财务管理而言，网络经济的发展为其提供更多便捷。第一，高校管理要对网络的便捷性进行充分利用，管理好财务收支"两条线"。高校应当在财务管理系统中录入每年的各项经费收入，并从自身发展目标、财务情况出发，将资金预算做好。第二，高校要以财务信息管理系统为依托，对国家划拨的专项科研资金进行管理，保证资金能够落到实处，实现学校科研水平的提升。第三，置身网络经济环境中，传统方式的会计单一货币计量将被打破，支付方式将逐渐发生转变，如变为电子现金支付、电子支票支付、电子信用卡支付等。

2. 高校财务管理软件上的创新

置身网络经济环境之中，高校财务的工作方式、管理模式、管理内容，都在经历改革与创新。因此，高校财务应当尽最大努力实现对外联络工作的强化，积极推进高校财务管理软件升级换代，从而更好地使自身管理、经营需要得到满足。

高校想要创新财务管理软件，就要依托网络。具体而言，高校若想对网上办公进行完善，就要由局域网转变为互联网。高校财务管理软件在网络环境下应当具备完善的网上办公、移动办公功能，应当实现财务管理模块化运作的强化，打破时间、场地的桎梏，尽最大努力实现高校财务安全性的强化，同步协调高校财务资源配置和教学科研活动，最终合理配置资源。

3. 高校财务工作方式上的创新

高校必须立足自身发展的实际情况，积极创新财务管理工作方式。

原先固定化的办公场所，因网络经济环境的影响，渐渐转变为网络化的虚拟办公场地，因而很多教师都能实现网上办公、移动办公，一方面为日常工作提供更多便利，另一方面也能令高校开展财务工作的透明性进一步增强。

除此之外，即便不在办公室，高校财务工作者一样能够正常办公，摆脱了时间与场地的桎梏，能够对各下属单位资金管理与使用情况进行实时掌握，还能在线监控外联单位、下属单位的财务往来，实施对款项余额的监督。高校借助互联网的力量，能够为各方业务往来注入动力，实现各类报表处理速度的提升，工作效率也自然得到提升，从而实现高校财务工作方式创新的目标。

4. 高校财务管理模式上的创新

传统方式下的预算管理模式，在高校办学中心不断下移的情况下，也将发生改变。高校预算管理将围绕学院预算展开，并基于此对自身预算管理进行完善，以及对财政管理的各项经营活动、内容予以完善。除此之外，高校也应当实现自身预算管理机制的完善与健全，保证民主、科学、合理地制定制度，积极、有效地创新高校财务管理模式。

（三）一卡通环境下的高校财务管理

1. 引进先进的科学技术设备

想要实现财务信息化管理效率的提升，对财务人员庞大的计算量问题进行解决，高校就要引进先进的科学技术设备，这是非常重要的举措。一方面，高校应当对专业水平较高、经验较为丰富的财务管理人员进行适当引进，通过财务管理人员个人业务素质的提升，实现财务管理效率的全面提升，为高校发展提供助推动力；另一方面，高校应当分析自身财务工作情况，通过对先进财务信息管理办法和财务管理设备的引进，夯实技术保障、设备保障，助力校园一卡通应用后的财务管理工作和财务信息计算，实现财务管理工作水平的提升。

2. 规范财务管理人员行为

校园一卡通应用后，校园财务管理将面临一系列问题，而实现财务工作人员专业素养的提升，对财务管理人员行为进行规范，是解决这些问题的重要措施。

作为大量资金的计算者、接受者，财务管理人员的工作行为，一方面与高校财务部门自身建设息息相关；另一方面，也显著地影响着高校整体发展。

第一，高校应当从自身财务工作的实际情况出发，进一步完善现有高校财务管理办法，制定出与自身发展方向相符合的财务管理制度，约束财务人员的工作行为，从财务人员的个人能力提升层面，削弱校园一卡通对高校财务管理工作带来的负面影响。

第二，高校应当下更大力度监管财务人员，严防财务人员内部"监守自盗"，从财务管理秩序规范的角度，实现高校财务管理效率的提升。

3. 保持财务工作的连续性

校园一卡通的应用，会导致财务管理工作出现间断性问题，而保持财务工作的连续性，是解决这一问题的有效方法。当然，保持财务工作的连续性，并非指的是要求财务管理人员自始至终保持高度紧张的工作状态，而是通过对信息化的财务管理办法和科学的财务管理手段进行借鉴、制定,让财务管理人员实时监督学生校园一卡通内资金的使用情况,并对之进行管理,从而让财务人员不必承受过重的工作压力,也实现财务管理效率的提高,让高校财务管理工作水平得到提升。

一方面,高校应当依托先进技术设备,基于良好的财务管理环境,将高素养的财务管理人员作为主体,全方位对高校财务管理工作进行开展,通过优化整合高校内各种资源,进一步建设财务部门,最终实现财务管理水平的提升。

另一方面,高校应当分析一定时期内一卡通资金流动情况以及一卡通应用情况,与其他院校积极开展合作交流,从自身实际工作情况出发,对其他院校应用校园一卡通后的有关财务管理办法进行借鉴,实现自身财务管理人员工作能力的强化以及财务管理水平的提升。

4. 加强校园财务管理安全

电子信息管理系统是校园一卡通的应用支撑,而互联网技术则是校园一卡通的管理支撑。我们必须清楚地认识到,在高校财务管理系统中,相应的网络安全风险是必然存在的,因此,必须对校园财务管理安全工作进行强化。

第一,高校应当高度重视财务信息管理,将"财务信息安全管理工作"提升到高校战略发展的高度上,自上而下地形成一卡通安全风险防范意识。

第二,高校应当针对学生群体、财务管理人员开展财务安全培训,并对这项工作予以强化,让学生群体和财务管理人员了解并掌握有关财务风险防范知识,从根本上实现高校财务管理系统安全性的提升。

第三节　高校财务管理目标

一、预算管理目标

现如今，对高校财务管理而言，"预算管理"已然成为中心内容。高校想要实现自身发展，就要建立起科学的预算管理体制，以及明确相应的预算执行比例指标，建立负债偿还基金；就要建立起项目经费使用绩效考核制度，实现预算资金使用效益的提升。

高校财务预算管理要针对高校学费收入季节性形成的现金流入量不均衡的特点，对现金预算加以编制，从而解决数量上、时间上财务收支不平衡的问题，实现财务保障能力和资金使用效益的提升。

二、收入管理目标

高校经费来源以"财政拨款"为主要渠道。财政拨款无须归还，也没有资金使用成本。除此之外，高校经费还有一个重要来源，那就是学生支付的学费。

高校应当对国内外高校经验予以积极借鉴，对校友满天下的优势加以利用，将基金会、校友会等组织机构建立起来，为学校的建设筹集资金。同时，高校也要对资产出租管理进行强化，对高校资金来源渠道予以拓宽。

三、筹资管理目标

伴随高等教育改革逐步深入，高校已然成为面向社会依法自主办学的"法人经济实体"，财政资金已经不再是高校唯一的经费来源，高校开始面向多渠道对资金进行筹集。资金来源不同，其使用风险、时间长短、资金成本也各有差异。举例而言，银行融资贷款必须对相应利息进行支付，到期对本金进行偿还，具有风险大、成本高的问题，但是社会捐赠、国家财政拨款，则完全没有资金成本问题和偿还问题。所以，高等学校在对社会捐赠和财政资金进行争取时，也要对借款期限、借款时机进行把握，尽可能通过较低的筹资风险、筹资成本，对较多的资金进行获取。

四、分配管理目标

在制定运行机制的过程中，我国高校教育不再只单纯对社会效益进行强调，而渐渐转变为注重社会效益、经济效益的共同发展。受此影响，我国高校在管理过程中，完成了经济效益的最大化。

我国高校财务管理的分配目标受运行机制转变的影响，也不再是传统的平均主义，而向着基于实际的预算分配转变。从本质来看，上述转变源于我国高校财务管理的长期发展，我国的社会效益、经济效益也能因这一转变实现平稳状态。

五、投资管理目标

近年来，高等学校的发展速度飞快，各高等学校都在想方设法，尽最大努力投资征地，对资金进行筹集，以实现办学规模和校园面积的扩大，同时也加大对实验设备、教学设施的投资。所以，高等学校应进一步强化投资管理，强化决策投资的科学性，其财务应对投资决策、管理进行参与，力争凭借较小的投资成本、较低的投资风险，对较大的投资收益进行获取。

六、资金管理目标

财务管理以"资金管理"为核心，所以，高校应实现观念方面的转变，实现资金使用效益的提升，将资金的时间价值观念树立起来。在高校财务管理中，必须对"资金资产增值"这一目标予以重视。

七、财务分析目标

高校要实现财务队伍专业素质的提升，通过分析投资效益、支出结构、经费结构，促进资金使用效益、财务决策效益提升，实现财务风险的降低。

八、成本管理目标

以往大家提到高校财务管理，都觉得它非常轻松，不过是管理收入支出罢了，在支出费用时缺乏成本效益意识，不对绩效进行追求。

当前，我国高校内部存在多种机构，各部门有着不同管理内容。因此，整个高校财务管理的目标，其实差异性很大，高校必须进一步强化成本核算管理，对当前经费管理观念进行转变，树立起成本核算观念和市场观，让高校理财方法、理财模式、理财体制适应社会，通过最小的运行成本，确保最大绩效的财务管理目标之实现。

高校要在制订成本管理目标方面予以更多重视，把"成本效益"视为主要成本管理目标，深入考量自身办学效率，通过这一目标的转变，实现高校教学水平、教学质量的有效提升，让人才培养方面有着更低的成本投入。

第四节 高校财务管理内容

一、资金的筹集

资金的筹集渠道主要有财政拨款、向主管部门申请各类专项资金、收取学费以及筹措、其他各种收入等。这项管理内容涉及资金收入预测和实施环节，即对筹集的资金项目和筹资总额进行预测，并对预测行为付诸实施，以取得实际的筹资收入。

二、资金的分配

资金的分配是指根据学校的发展规划进行资金使用额度的预算分配，即将筹集的资金投向哪些方面。这项管理内容涉及预测和决策环节，即支出总额的预测、资金投向的决策等。

三、资金的使用

资金的使用是在资金分配的基础上进行的支出管理和控制。根据各项目的资金预算，对项目资金使用过程进行监控，使支出范围和支出金额符合预算的要求。这项管理内容涉及控制、分析环节，即控制超预算支出、分析预算执行情况等。

资金筹集、分配、使用都涉及监督管理的环节，必须有作为第三者的内部审计部门予以监督控制。

第二章　高校财务预算及资产改革研究

本章主要讲述的是高校财务预算及资产改革研究,从目前的发展现状的情况来看,主要包括以下两个方面,分别为高校预算管理强化路径探索和高校资产管理强化路径探索。

第一节　高校预算管理强化路径探索

一、高校预算管理改进的基础工作

（一）重视预算管理工作，强调预算管理的参与性

对于高校而言，"预算管理工作"是一项非常重要的工作，与学校的各方各面都息息相关，所以，应当对预算管理的意义进行广泛宣传，对学校及其下属各部门领导的预算管理意识进行强化，实现其预算管理技能的提升，从思想方面夯实基础，更加有效地开展学校预算管理工作。与此同时，应当进一步深化对高校预算管理的理解、认识，将各单位、各部门的主动性、积极性充分调动起来。

预算作为学校管理工作的一项系统工程，绝不是财务人员单打独斗所能支撑的，要基于学校的统一管理，对各级单位的积极性进行调动，使之对学校的预算管理工作进行参与。在预算管理过程中对参与意识进行强调，可使高校预算管理更加民主与合理，在保证整体利益的情况下明确各自的职责及目标，提高预算指标的可靠性和预算执行的效果。

（二）规范预算管理制度，构建高校预算管理体系

高校应对可行的、规范的预算管理制度进行制定，对预算编制、执行、控制、评价的方法、原则和程序进行明确。对高校管理活动复杂情况的判断以及获取的有关管理的信息的多少，决定着高校预算管理的细化程度。通常而言，按照定额定员标准对基本支出进行核定，实行零基预算；按项目库对项目支出进行排序，实行滚动预算；针对项目评价，提倡对绩效式（产出式）预算进行采用，而非投入式预算。在对预算进行编制时，参与预算编制的部门，都应当反复交流、沟通，逐一审核、评估全部支出项目，对申报经费的依据和内容进行认真核实，将收支

范围细化,对定额标准进行分类制定,明细核算,从项目重要程度出发进行排序,在执行预算过程中,及时发现异常情况,查明情况的产生原因,或控制,或解决,及时对已完成项目组织验收,将预算评价做好。

(三)建立预算委员会,完善预算管理组织

想要强化高校预算管理,就要以完善的预算管理组织为基础和前提。高校预算管理组织机构包括预算责任网络、常设预算管理工作组和预算委员会,而最重要的当属预算委员会。

预算委员会是高校预算管理的最高决策和管理机构,负责对校内各单位申报的预算进行审核,由校长直接领导,目前,各高校预算委员会的成员主要由学校各校区主管领导及下属各部门负责人组成。鉴于大多数高校实行分层次预算管理体系,为实现预算编制准确性的提升,让其与学校长期发展的需要相符合,实现高校资源的合理配置以及预算管理的强化,需要建立以教授为主体的预算委员会,选取学校知名教授及会计、财务管理人员、审计人员等有威望的人员进入预算委员会,以增加预算委员会的科学性和权威性,同时体现"教授治校"的高校教育管理理念。

相较于主体是分管领导的预算委员会,主体是教授的预算委员会能够摆脱学校在平衡预算方面的困扰,方便对更先进的预算方法(如绩效预算、零基预算等)进行采用,对预算资金更科学、更合理地安排,实现预算资金使用效率的提升。除此之外,主体是教授的预算委员会还能更好地适应教学工作,为高校教育教学改革提供更多支持。然而,校领导在预算方面的决策作用不可被主体为教授的预算委员会替代,它只是提高了校领导在预算决策上的科学性,最终仍然是预算委员会向校长办公会和党委常委会提出议案,由校领导进行决策。为了避免预算管理决策中的权力腐败,可以对学校领导的预算决策进行有效监督,建立大学理事会。大学理事会不是参谋机构,而是决策机构,主要是监督学校的运行情况、制定高校整体发展规划、审批投资项目和经费预算。

经听证、辩论后,理事会将通过投票方式对预算编制进行决定。理事会的人员组成,一定要对权威性、科学性、独立性进行体现。理事会中,校长可以成为

理事，拥有的权力和其他理事会成员是同等的。如此，便能从根本上对高校预算管理中内部人员控制问题进行缓解或予以解决，有效地对领导者展开权力监管。

二、高校预算编制的强化路径

（一）树立预算编制的全局观念

为了更好、更快地实现高校战略，高校在编制预算时必须在预算方案中充分体现学校的主要发展目标、实践路径以及影响目标实现的关键因素。预算的编制要在学校整体规划的基础上，紧紧围绕学校的中心工作制定，以强化各部门的参与机制，让教职员工对本部门、本学校的未来变化、发展潜力、现实需要有更多了解，对自身工作职责有更多认识。如此，编制的预算目标也必然与学校实际情况更为接近，预算有着更高的准确率。

（二）协调高校预算与财政部门预算

当前，相较于高校预算改革，财政部门的预算改革是远远超前的，财政部门应根据高校的管理需要，尽早出台相关的预算调整办法和审批程序。在相关文件出台前，高校的预算编制工作应做好以下两点：第一，编制时间要衔接。高校的预算一般在上年年底编制，预算年初发至各部门执行，而部门预算的编制时间较早。为了与部门预算相配合，高校的预算编制也应适当提前。第二，高校会计科目的修订。目前的高校会计科目在科目设置、核算口径和内容上均与部门预算不相适应，不利于预算的执行和控制。只有将科目设置加以完善，进一步对适用口径、范围予以明确，对科目进行增加，对科目内涵予以扩展，才能夯实基础，促进部门预算与高校预算的协调一致。

（三）做好编制预算的基础工作

首先，建立和健全预算编制机构。高校应在预算委员会指导下建立预算编制小组，负责预算编制的项目审查、定额核定、指标分解与调整等业务。

各下属部门要设专人对预算编制工作进行负责。在对预算进行编制时，财务部门主要任务是组织召开预算工作布置会，统一预算口径，对各部门预算编制人员的职责予以明确。各部门要从预算编制小组下达的预算目标出发，立足本部门实际情况与特点，将本部门具体的预算方案提出。预算编制小组要从学校的实际情况以及发展规划出发，汇总、审查各部门上报的预算方案，予以综合平衡，将修改建议提出，从而确保高校总预算的准确度。

其次，在对年度预算进行编制之前，财务部门要对上级部门颁布的预算编制以及其他文件认真学习，领会高等教育的政策变化，了解新的收支标准；把握学校的年度工作要点，明确重点项目和常规项目，保证预算编制的政策性、科学性；对各项基本数字（如年度毕业生人数、招生人数、教职员工人数等）相较之前的变化进行核实预算，保证预算编制中定额标准的准确性和工作量的适当。

最后，财务部门对上年预算管理工作进行分析和总结。财务部门要认真分析上年度的预算编制和预算执行情况，分析各项预算标准完成或未完成的原因，找出问题，总结经验；在对各部门预算要求进行广泛听取之后，对各单位材料进行汇总，并予以充分论证，及时采纳合理的意见、建议，有效调整、改进上年预算中出现的问题，更加合理、科学地编制预算。

（四）多种预算编制方法结合使用

目前，高校预算管理的效果深受高校不合理的预算编制方法的影响。实际上，改革预算编制方法，并非一味将过去的方法"抛弃不用"，全部采用全新的预算编制方法，而应当从具体情况出发，在预算编制时结合使用绩效预算、滚动预算、复式预算、零基预算等方法。

（五）适度赤字预算

"量入为出，收支平衡"一直是高校预算管理遵循的指导原则，不过，当前高校预算编制应当将以往的约束打破，如果条件允许，也可以实行适度赤字预算。在高校支出逐渐增加，资金供求矛盾日趋严重的情况下，采用适度赤字预算可以保障高校重点发展目标的实现。

当然，这里倡导的赤字预算，并非永久的赤字预算报告，其仅仅短期存在于特定时期。假如立足高校中长期发展角度，应当逐步缩小赤字，最终将其消除。

对于高校科学规划以及中长期发展来说，预算编制部门在特定时间内对适度赤字预算进行编制，其意义是积极而深远的：能够在短时间内对财力进行集中，办好大事，确保完成学校重点项目。

赤字预算打破常规的发展方式，辅助学校抓住发展机遇，明显提高学校的办学条件及科研水平，提高学校的竞争力。通过对高校获得的无形资产、不动产的未来升值以及未来通货膨胀和财务费用对教育资金产生的影响进行综合权衡，编制赤字预算更是利大于弊。与赤字预算相适应的，高校要在除目前以一年为期的常规年度预算外，对中长期预算予以补充编制，结合考虑学校中长期发展规划和期间年度预算。由于过去仅有年度预算，造成一系列短期行为，学校应对此予以克服。在未来更长时期内，实现学校预算收入的动态平衡，即允许某些年度预算结余和另外一些年度的预算赤字，使高校在未来一定时期内（2～3年）实现自我调节，从而使预算编制贴近高校的实际发展，充分实现资金的使用效益。

（六）远近结合，编制中长期预算

高校的中长期预算编制除了上面所述可以与赤字预算相配合外，还具有更重要的意义。可持续发展是高校生存的首要目标，而中长期财务预算是高校可持续发展的基本保障。中长期预算是基于高校长远发展的更高层次的预算，可以是3年～5年期预算，甚至可以是10年期预算或更长时间。中长期预算编制时要将学校的营运与发展相结合，充分考虑可持续发展，紧紧围绕高校的战略目标来进行。中长期预算的编制还要注意不同时期、不同阶段的变化，要根据预算对象的多元化，突出不同的预算重点，既要立足眼前又要兼顾未来。

（七）合理预算收入，科学安排支出

预算编制包括收入预算编制和支出预算编制。高校收入预算编制必须坚持稳健性原则，在学校的预算编制中，纳入学校正常条件下可以实现的全部合法、合规收入，不得对收入进行高估，也不得在预算中纳入无经济依据的收入；也不能过于保守隐藏收入，使收入预算失去可靠性，进而影响支出预算的合理编制。要把收入预算编制工作落实到各下属部门，依照资金来源对收入进行测算，同时根据各下属部门汇报数据进行汇总，更为准确、具体地编制收入预算。高校获得的商业银行贷款也是一项资金来源，高校可以将对应相关支出作为收入编制预算。这里应当明确一点，高校的基本建设支出是商业银行贷款所对应的主要支出，在对预算进行编制时，原则上不可以将商业银行贷款与高校基本建设支出之外的项目支出进行对应。

高校预算支出的编制应以实事求是、科学客观为出发点。编制的支出预算，应当与学校的实际情况相符合，预算编制的支出项目、金额要真实体现下属部门的事业效果。在对支出预算进行编制时，要对"优化支出结构"予以重视，分清何为重、何为轻，对勤俭节约予以倡导。例如，对于公共经费的预算，要从各院系、行政部门等不同经费性质出发，分类、分档进行编制，具体而言，院系要依照学生人数、层次，立足实验实习费、日常维持费等专项定额结合综合定额的方式，对公用经费进行确定；行政部门要从不同职责范围出发，对不同的分类、分项定额进行制定，同时辅以特殊支出，如教改项目、学科建设等专项补助；后勤经费对电、水、保洁、绿化消耗等，依照不同的经费用途，分别从实际成本消耗、保洁面积、学生人数出发，采取不同标准，对经费额度进行确定。

（八）下属部门编制责任预算

高校各下属部门有使用预算经费的权利，也必然要对预算编制负有责任。编制责任预算，必须设置责任标准。高校各部门（责任中心）在申报部门预算支出草案时，要同时递交申报经费支出报告，阐明各项预算经费的原因、金额标准、预期使用时间、责任目标以及按照预算使用经费的承诺书。财务部门在收到预算经费支出编制报告后，编制预算收支报表和资金流量计划表，并将各部门的预算目标统计归总，提交预算委员会讨论。对于预算期内责任目标的设定，如果全部交由各部门（责任中心）完成将造成预算管理松弛，若完全由预算委员会设定则容易脱离实际。理想的责任预算编制应是两者的结合：制定方针——责任中心编制——责任中心上报——学校汇总——委员会讨论决定。

三、高校预算执行的强化路径

再好的预算，若离开有效的执行，也只能是一纸空文，因此严格地执行预算是保证预算管理落到实处的关键环节。

（一）完善国库集中支付制度

想要为高校预算执行效果提供保障，就要以国库集中支付的制度为前提与基础。要对不适应于国库集中支付的法律、规章进行修订，对相关管理办法予以完善；将学校基本账户保留，针对学校非税收入，采取集中汇缴方式，将基本账户当作非税收入的过渡户，对非税收入款项进行结算、记录、归集；允许学校零余额账户将特定资金转付给学校基建账户和基本账户，从而对国库改革中遭遇的种种问题进行解决，如向分校区和高校后勤划拨资金、基本建设拨款、项目资金归属等。

（二）强化政府集中采购管理

要确保预算与预算执行之间的一致，就要对政府集中采购管理进行强化。当前，高校规模越来越大，内部管理权限也日益分散，商品采购品种多、时效性强、技术含量高。而政府采购的特点是程序多、审批严、时间长，高校预算执行很难在政府集中采购管理下与预算编制一致，所以，要对政府集中采购制度予以积极强化，既要保证效果，又要实现审批时间的缩短。对于管理、规范国库债务及现金，高校要有效执行预算，准确、及时地提供完整的预算执行报告。

（三）强化内部控制

建立和强化高校的内部控制制度，有利于预算的执行。在资金有限的条件下，加强财务监督，在资金运作的全过程建立有效的内部控制，以防止资金使用过程中的错误和舞弊的发生，提高资金的使用效益和预算执行的效果。高校可以建立有效的支出内部控制，如招待费、电话费、差旅费等公用支出，依照支出标准实行定额管理；各部门对水电费进行落实包干；将采购、领用内部控制建立起来；针对办公用品、材料等建立材料仓库明细账，不定期或定期盘点材料；针对教学科研仪器设备,将全校统一的实验中心建立起来,依照企业成本核算方法,实验中心进行内部核算,对实验室设备进行使用时,要收取相应费用,并将这部分费用用在更新、维护设备方面。

(四)细化预算

实施有效执行预算管理的重要前提,那便是细化、明确预算。全方位对预算项目定额、指标、责任、经费、目的、项目加以细化,并向各参与部门、个人进行分解,能够确保预算执行有章可循,实现工作效率的提升,避免质疑现象发生;预算细化对费用分析也有较大帮助,是对执行预算成本进行节约的重要途径;分解到人员的指标和定额细化,对于预算执行结果的考核也有帮助。

(五)严格预算执行

在预算执行期间,不允许随意追加、削减预算,下属部门必须在部门年度财务预算计划数额以内使用;必须超出预算支出的,应按照规定先申请预算调整,经批准后才可按新的预算方案执行。

高校要将非税收入全部纳入学校预算管理,确保预算收入的实现。在支出方面,设定审批权限,对预算进行严格执行,对于那些超出预算标准支出或定额的项目,全部不予支出。

无论是下属部门负责人还是学校领导,不论其拥有的权力是大还是小,都不可以在已批准预算外对预算进行随意变更。各部门负责人按规定权限,对本部门预算支出业务的真实性、合法性以及用款进度进行审定,财务部门根据已批准预算和原始凭证,对原始凭证的合理性负责,对全校经营业务的合法性负责,有权拒绝预算、超预算开支的执行。在预算执行过程中,除非预算项目不需要再继续下去,或是确实不可能继续下去外,都应当严格执行,确保预算管理的严肃性,最终达成高校发展目标。

(六)人本管理

在预算执行中提倡人本主义,高校借助内在激励方式,让教职员工对预算自觉执行,取得事半功倍的成效。预算执行是基于财务指标的人员的行为管理,而人员又是管理的核心，所以要对过去的旧思想予以摒弃（如"绝对服从""以物为本"等），将"以人为本"的预算管理新观念树立起来。

以人为本的预算执行要求对预算执行者适当授权，依靠下放事权、财权、集中处置权、监督权，实现高校中集权、分权之统一，强化教职员工的主人翁责任感，最终实现预算执行效果的提升。

高校要建立相互关心、相互帮助、彼此尊重与信赖的有利于预算执行的工作环境，继而实现工作效率的提升，实现各项工作任务完成效果的增强。

四、高校预算控制的改进建议

（一）预算控制方式的改进

高校预算控制包括纵向监督和横向控制。对预算控制方式的改进也应从这两方面入手，既要加强财政、教育等主管部门对高校预算管理的纵向监督，又要加强校内预算横向控制。

第一，应当建立由社会舆论、社会中介机构、审计、财政等组织或部门共同构成的，对事前、事中、事后进行全覆盖的纵向高校预算监督体系，对监督职责进行强化，强化高校预算监督。从高校预算申报开始，高校预算监督体系就要开展严格审查，有效监督预算执行以及预算绩效评价。预算监督的内容涉及具体内容的监督以及程序的监督。

第二，要对高校内部横向预算控制制度加以完善。在控制体系中纳入学校全部资金，对审计、财务等各部门的职责分工予以明确，确保信息共享、相互协调，实现校内预算控制的强化。

第三，要实现学校预算公开化。将预算定期向全校师生公布，接受监督，并在预算执行后和预算评价时，接受师生的评议，真正做到预算控制透明化，将预算控制落到实处。

（二）加强事中控制

加强事中控制主要表现在硬化预算约束上，要强调"以预算为中心"的预算控制原则。在预算年度开始后预算尚未批准前，各部门可根据上年度同期的预算数额安排支出，但预算一经批准，除国家政策或招生规模等不可控原因造成的影响外，对预算的变更一定要严格控制，不得擅自调整。同时为了便于事中预算控制的有效实施，对各项目预算经费可以采取分季划拨、年终汇算的拨付方式，从而均衡地控制整个预算期内的项目实施。优秀的预算方案是进行预算事中有效控制的基础，所以各高校要尽力提高预算编制水平，严格预算编制程序和审批手续，增强预算的准确性和科学性，不留缺口。

（三）借助网络手段实时控制

如今信息技术不断发展，高校可以开发相应的财务和管理软件，对越来越发达的网络进行充分利用，查询预算支出和使用情况，让各部门都能对自己的预算执行情况随时随地予以确认，并比较已得到细化的预算方案，进行部门预算控制。除可以对预算支出使用进行查询外，还能将纵向、横向比较指标添入财务和管理软件中，如此，既能让部门负责人全面了解本部门的项目进展程度和预算支出额，又能从纵向和横向两方面对本部门的预算支出绩效进行比较。

（四）预算控制手段的改进

1. 设置多段监控点

在开始预算执行后，财务部门要及时对预算控制额度进行设置。如果高校实行计算机报账系统，可以对多段监控点进行设置，对日常经费预算加以控制，这样做对预算支出进度和资金流量的控制是大有裨益的，能够均衡地发生预算支出，避免经费被突击使用，实现资金使用效益，避免预算宽裕，对于日后实施预算评价也很有帮助。

当前，大部分高校分两段（上半年、下半年）实施监控时，一般来说，在总预算中，上半年预算支出安排通常占45%，下半年预算支出安排通常占55%。这样既前紧后松，留有余地，又基本上保证了预算支出的均衡发生。另外，也可以通过类似的方法实施月度、季度的多点监控，使预算支出适时、发生均衡。这种方法适合日常费用的控制。

2.建立有效的分析机制

为确保有效预算控制的实施,财务部门应当依照责任中心,对预算统计表进行编制,其涵盖两种预算统计表总量平衡,一种以支出经济分类为统计口径;另一种以支出功能分类为统计口径。

预算统计表便于事中控制分析。财务部门根据预算统计表按月比较实际发生额与预算之间的差异,并通知各责任中心的预算负责人进行分析和控制,以利于本期预算的执行和下期预算的编制。

对于预算差异的分析,主要从以下几方面进行:

(1)账务处理的正确性判断。高校会计核算时,要对收入与支出的入账金额、科目、时间的正确性进行判断,并判断其是否与已批准的预算方案一致。

(2)外部条件变化的判断。主要判断是否存在因高校外部条件变化而造成的预算定额标准的变化。外部条件变化造成的差异,一方面可能节约预算经费;另一方面也可能导致预算超支,预算管理部门要对此予以重点分析,并作出正确的判断。

(3)内部环境变化的判断。预算执行时之所以出现无法预期的情况,有可能是受到学校内部环境变化的影响。例如,某部门临时被分派任务,需要对计划外的活动进行安排;又或者项目比预期更重要,难度也更大,实际花费的时间和资金比预算要多得多。高校应实时监督预算的执行情况,定时做分析,找到预算差异的真正原因并实施控制。

五、高校预算评价的改进建议

所谓"高校预算评价",就是针对预算目标开展的全面考核,是合理、客观、准确、全面地对高校预算执行情况与执行效果作出的描述与评价。一方面,高校预算评价要对高校资源总量是否与高校整体运行的客观要求相符合问题进行考评;另一方面,高校预算评价还要对资源使用效益是否最大化进行考评。高校预算评价既是实现现行高校预算管理体制逐渐完善的内在要求,也是实现高等教育资源优化配置、高等教育事业发展的要求。

（一）建立健全预算评价体系

高校要如何加强对预算执行情况的评价与考核，以提高预算执行效果——改进预算编制的程序和方法，对广大教职员工工作的积极性进行激发。高校预算评价的实施，必须依托一套行之有效的、合理的、科学的评价体系。因此，预算考评的开展，以可行、科学的考评机制的建立健全为基础。高校应按照科学、实用、重要、完整相统一的基本原则建立以绩效为核心的预算考核评价系统。对于高校来说，将预算评价指标体系构建出来，对预算评价予以积极开展，是实现资金运行效益提升和资源合理配置的有效手段。

评价系统的长期稳定除可以使各部门、各个员工明确考核依据，按照既定目标不断努力外，还可以保证评价结果的纵向比较，以此来全面掌控一定时期内预算的总体运行状况。

高校建立健全预算评价体系，应先确定预算评价的领导组织机构和相应的评价监督制约机制，确保预算评价工作规范化、制度化。在设计预算评价体系时，要对项目投资评价、经济效益、社会效益予以兼顾。设定预算评价指标时，应遵循如下原则：定性结合定量，长期效益结合短期效益。因为不同高校有着不同层次、规模和类型，所以很难建立完全统一的预算评价指标体系，但是高校预算评价体系一般应包括平衡计分卡评价体系和关键指标评价体系两部分。这两部分均采用量化标准，以绩效目标为出发点进行设置。

通常而言，对于高校预算评价的关键指标体系来说，必须包括下面几项具体指标：偿债能力评价指标，包括速动比率、流动比率、资金负债率等；发展潜力评价指标，包括自有资金动用程度、现金净额增长率等；运行绩效评价指标，包括人才培养评价指标、学科建设评价指标、校办产业资本增值率、高校年度收支比、经费自筹率等；财务综合实力评价指标，包括用以对高校办学条件、学校规模、经费来源进行评价的指标。

除预算评价的关键指标体系外，构建高校预算评价体系还要制定切实可行的绩效考评工作程序和考核指标，以及按照绩效考评结果实施奖惩的制度。

（二）强化预算执行结果的分析

对于高校预算评价而言，全面分析预算执行结果既是一项基础工作，也是非常重要的工作。全面分析高校预算执行结果，主要指的是分析各部门预算、校级预算的执行效果以及执行差异的原因，找出相应改进措施，并对预算结果分析报告进行编制的过程。

1.要合理界定预算分析的内容

预算执行结果分析包括预算支出执行分析和预算收入执行分析。从来源角度看，高校预算收入也包括自创收入和外部收入。自创收入包括经营收入、事业收入（如产学研合作收入、学费收入）等；外部收入包括社会捐赠收入、财政拨款收入等。

高校预算支出按资金流向分为教学业务费、教学管理费。教学业务费是与教学科研直接相关的支出，包括教师课酬、教学设备费、资料费等；教学管理费是与教学科研间接相关的支出，如管理部门的接待费、办公费、办公室人员支出等。

2.要选择合适的分析方法

高校应当立足分析目的、分析内容，对适合的方法进行选择，确保分析客观与公正。

目前，高校预算执行结果分析的可选择方法有比较分析法、因素分析法、差额分析法等。随着财务分析理论和实践的不断发展，还会有更多更好的方法以备选使用。

3.要坚持全面分析与重点分析相结合的原则

分析预算执行结果，其前提与基础是全面把握学校经济活动的整体情况。唯有对学校运行的整体情况进行全面了解，才能对预算收支的执行情况进行分析，对实际数额与预算数额之间的差异产生原因进行分析，对预算执行中的问题与经验予以总结，提出改进措施、意见，从而为下一年度编制预算夯实基础。除此之外，也要避免漫无目的、缺乏重点的全面分析。财务部门结合高校实际对预算年度的经济活动的主要方面进行重点分析，有利于形成正确的分析结论，取得事半功倍的效果。

4. 差异分析是预算执行结果分析的重点

高校预算执行结果分析的重点应放在分析差异及产生差异的原因上。预算收入执行分析的重点是发现预算年度各项实际收入与预算收入的差异，找出造成收入减少或增加的原因，形成书面报告与报表；分类、分项地详细说明各项目经费的支出、结余以及任务完成率等情况，形成书面报告与报表，是分析预算支出执行结果时的重中之重。

要从两方面开展差异分析——定量与定性。定量方面分析偏离预算的差异大小、收支的进度与结构等；定性方面分析产生实际与预算差异的主客观原因。公正的分析结论不仅可以用来作为预算评价，也对未来的预算管理提供基本材料，是高校提高管理水平的重要依据。

差异分析还分为横向差异分析和纵向差异分析。横向差异分析是指学校可以选取合适指标与同类型、同规模学校进行比较，也可以在学校内各院系间进行指标比较；纵向差异分析即学校自身选择以上年度同类指标进行比较。无论横向差异分析还是纵向差异分析均须考虑比较对象间的可比性，切忌盲目比较。

（三）分部门实施预算评价

基于高校整体预算评价体系，高校应当针对重要预算项目和部门的包干经费，对不同的预算评价标准和指标进行设定，分别开展预算评价，对其经济活动的效益性、科学性、合法性、真实性进行考核，并将评价结果与各项目或部门负责人的业绩评价相结合，实施激励。各部门的预算评价指标综合来说可以从投入、产出和结果三个方面来设计。

投入指标如资金、人力、场所、设备等，用于衡量预算项目所消耗的资源，包括"生均教学设备""生均教学面积""生均教学经费"等指标。对于采用投入指标进行预算评价的部分而言，"成本测算"可谓作用重大，应当对相应的会计核算系统加以完善。

产出指标是预算期内完成的工作、提供服务或产品的数量，包括"档案入档册数""接待来宾次数""自筹经费完成数""毕业生一次性人数""收入完成数"等指标。产出指标的计算相对比较容易。

结果指标用来衡量项目或服务的结果，包括各院系的"国家资格考试通过人数""英语四、六级通过比例"等指标；管理部门的"各项检查合格率""处理问题及时率""解决来访问题满意率""支出预算完成比率""收入预算完成比率"等指标；各科研单位的"有国际影响文章发表数""SCI、SSCI 文章发表数""国家级课题占全部课题数量比例""国家级课题占全部课题金额比例"等指标；后勤部门的"食堂就餐率""绿化率"等指标。结果指标是预算评价指标体系中最重要的部分。

根据部门和指标特点对不同部门采用不同的预算评价指标进行考核有利于各部门的业务发展和激励。例如，对各部门的预算评价，应注重"节支增效"；对专项工程的预算评价，应注重"验收工程质量是否达标""决算（比预算）节支程度"。

同时各高校的情况不同，需要根据各自的具体条件安排部门预算评价，在全部高校建立统一的预算评价体系，往往达不到考核的目的，对各高校的发展也不利。

（四）根据评价结果实施激励

"激励机制"必须成为预算评价的补充，如若不然，预算评价的意义将不复存在。同时，唯有基于预算评价，激励才能真正做到"有的放矢"。高校要从评价结果出发，对个人、部门进行必要的精神奖励、物质奖励或者相应的惩戒。通过对激励制度进行明确，能够在预算执行前就让教职员工和各部门对激励与业绩之间的关系予以了解，密切结合学校、小团体、个人的目标，为预算执行的效果进行保障。

假如未能建立起完善、合理的激励机制，那么预算评价很可能流于形式，评价指标的约束作用也得不到发挥，预算管理功效不复存在。在开展预算评价时，一定要坚持公正、客观，做到从实际出发，确保评价结果科学、准确，将教职员工的创造性与积极性充分调动起来。

激励要对权责一致原则予以贯彻,坚定不移地依照规定处罚,做到赏罚分明、有奖有罚、不打折扣、兑现奖惩,确保学校目标的实现和预算的严肃性,在高校中将预算管理的核心地位确立起来。

设计与完善高校激励机制,并与预算评价相配合,可以更好地促进预算管理的实施,这也是学校管理中应当考虑的重要问题。

第二节　高校资产管理强化路径探索

一、拓宽资金渠道，降低资金成本，建立健全风险管理机制

想要对教学科研需要予以满足，高校就要将"债多不怕主国家做后盾"的思想彻底改变，采取有效措施，广开财源，拓宽资金来源渠道。

①强化资金管理，稽核制度、对账制度和不相容岗位相互分离制度予以严格执行。定期对库存现金进行盘点，对银行账目加以核对，严禁白条抵库、坐支现金等情况发生，对"收支两条线"的规定严格执行，严格遵守库存现金限额管理制度，依照《现金管理暂行条例》，严格在其所规定的现金使用范围内对现金进行使用，将资金管理中的安全隐患消除。

②积极对国家政策支持进行争取，主动沟通、联络发展改革委员会、教育主管部门、财政部门等，实现高校办学自主权的扩大，加大力度对财政专项资金进行争取，保证国家财政拨款实现稳步增长。

③加大学校住宿费学费催缴清理力度，对学费催缴清理人员队伍进行充实，基于电子信息化系统，将全校学生个人缴费台账建立起来，对各项信息进行核准，如学生姓名、性别和所在学院班级，以及减免学费、欠费金额、生源地贷款、缴费金额及缴费收据号码、住宿费标准、学费标准等详细信息，强化与学校各院系、学生处、教务处的沟通、协调，将缴费情况挂钩于选课情况以及选课成绩，切实保障住宿费、学费应收尽收，避免拖欠问题，坚持严格落实"收支两条线"管理，及时足额向财政专户上缴，积极主动对"财政及时反拨"予以申请，保障学校收入及时到位，为教学科研提供充足的资金支持，满足其需要。

④对学校良好的社会影响和丰富的教育资源优势进行利用，尽可能扩大脱产、夜大短期培训、函授等办学规模，积极开展社会有偿服务，通过开展合作、盘活资产、赞助、社会捐赠，以及基金会、校友会等多种形式，对社会资金进行广泛吸收，精打细算实现学校收入增加，将优质的教育服务提供给社会，让学校拥有更多办学资金，帮助广大社会人员对文凭问题和知识残缺问题予以解决，这些办法可谓是利民惠校、一举多得的好举措。

⑤强化票据管理，严格依照规定程序办理票据的各种手续，如领用票据、发放票据、开具票据、收缴票据、核销票据等，保障票据的安全。

⑥对收费工作加以规范，在收费时，要严格按照发改委批准的收费标准进行收费，收费时必须开具收费票据，禁止提高收费标准、扩大收费范围，绝不能自立名目收费。严格对"收支两条线"管理规定进行执行，禁止随意对资金挪用、截留，保障足额收取、上缴资金。

⑦保持和加强与银行等金融机构的战略合作关系，对信贷资金积极争取，除此之外，通过对学校闲置校区地产的置换或处置，对学校资源进行优化配置，尽可能筹集办学资金，尽可能减少学校债务、减轻利息负担，实现资金成本的减少，为学校又好又快的发展提供保障。

⑧依照事权与财权相结合原则，与相关部门协同发力、积极探索，将挂钩于绩效、责任、目标的风险预警机制、风险评估管理和资源分配机制建立起来，并不断健全债务内部管理制度，对财务风险加以防范，将制定具体的措施办法，完善以常规资金支付授权审批、大额资金流动集体决策等为重点，以内部控制为核心的资金安全管理制度，对严格的岗位职责分工予以实施，分离不相容职务，对经济活动风险进行系统分析，确定风险点，对风险应对策略进行选择，严格督促相关工作人员认真执行，定期提交对经济活动风险评估书面报告。

二、定期清理往来款项，降低借款余额，健全往来款项清理催缴机制

高校应当将有效的往来款项核销机制和催缴清理机制建立起来，并不断予以健全，采取行之有效的控制措施，做到强硬管理手段，大力催缴清理往来款项，尽可能实现往来款项余额降低、科目数量减少，将资金占用期限进一步缩短，实现资金使用效率的提升。

三、加强税务管理，减少纳税风险，建立健全纳税筹划机制

高校应当进一步强化税务管理，将完善的纳税筹划机制建立起来。

（1）当前，高校中存在由学校对各部门开具税务发票所涉税费统一垫付的情况，要对此进行改变，参照税务部门代开发票的处理模式，做到"先交税费再开发票"，只要需要开具税务发票的，都要先在学校财务账上全额缴纳所涉税税费，之后才能向其开具税务发票，防止出现学校将相关税费垫付后，长期无法收回甚至忘记收回的问题。

（2）对减免税优惠和各税种的征税范围进行深入理解、掌握，聘请高校税务专家，使之对如下问题全面分析：学校收入中哪些是征税收入，哪些是减免税收入，哪些是不征税收入，对税法的规定严格遵循，在处理账务时，对专门的会计科目进行设置。

（3）应当详细分析学校涉税收入及与之对应的减免优惠税条件、应纳税额的计算和缴纳期限、涉税环节、税率、税种，尽可能将相符于税收优惠的条件创造出来，在减免税收入核算中纳入可能涉税的收入，尽可能享受到税收免税、减税政策，从而实现税负的降低。

四、加强资产管理，避免重复购置，健全资产批购管理机制

高校想要防止出现重复购置固定资产的问题以及固定资产管理混乱、使用随意、流失严重的问题，就应当对资产管理措施予以强化，对资产管理机制加以健全，重点强化如下八个关键环节的控制：固定资产申报、批准、采购、验收、使用、维护、保管、处置，奠定坚实的资产基础，将固定资产做细做实，实现资产管理效益的提升，将资产有效功能进行充分发挥，尽最大努力做到"物尽其用，用必有果"，将当前固定资产管理存在的"采购时对价格不闻不问，验收时对实物不理不睬，使用时不知所何，盘算时不见踪影"的问题彻底解决。

（一）规范固定资产审批、采购、验收行为

1. 统一固定资产购置申报、审批程序，严格执行审批手续

高校应当制定具体可行的、规范的固定资产购置申报、审批程序，要求校属各部门在购置固定资产前，特别是购置价值较大的固定资产前（如电脑设备、音响设备、实验室设备等），必须向学校资产管理部门提交购置申请。

由学校资产管理部门在学校现有资产中统一调剂配置，若无法调剂且必须购置的，由申请购置部门组织相关专家会同资产管理部门、财务部门、监察审计部门相关人员从技术性、经济性、实用性、必要性等多方面进行科学充分的可行性论证和效益评估、并提交一份由专家签署意见的固定资产购置可行性论证报告和效益评估报告，同时注明购置资金来源及金额（资金无来源或无预算的一律不得购置）。

学校资产管理部门受理申请后，要严格按照"必须、节约、有效"的原则签署审批意见，并报学校分管领导审批（金额特大的，如一次性购置价值在10万元以上的必须经校领导会签或集体决策）。学校领导同意后，由学校资产管理部门汇总统一安排下一步的购置活动，切实解决当前高校校属各部门购买设备的随意、无序状况。

2. 统一固定资产采购办法，规范采购付款行为

高校应当建立健全固定资产政府采购预算与计划管理、政府采购活动管理等内部管理制度，明确相关岗位的职责权限，确保政府采购需求制定与内部审批、招标文件准备与复核、合同签订与验收、验收与保管等不相容岗位的相互分离，建立预算编制、政府采购与资产管理部门或岗位之间的沟通协调机制，规定统一的购置标准，限定社会信誉好、产品质量高、售后服务棒的供货单位。坚持固定资产购置的决策、监督、执行、付款、验收等诸环节的有机结合，相互制约，以达到合理配置和利用各项资源，杜绝不必要的浪费和违法违纪行为。

校属各部门必须根据批准的固定资产购置申请，按规定的标准编制政府采购预算，由学校资产管理部门按照已经批复的固定资产购置申请集中制定政府采购计划，采用公开招标形式，定期、统一、集中招标采购，改变当前由校内各部门自行选择供货单位，价格由各部门与供货单位协商确定的零星、随意的采购行为，增加设备采购的透明度，尽可能以最少的投入获得最大的社会效益及经济效益。

公开招标必须实施归口管理，由学校资产管理部门会同财务部门、审计部门、纪检监察部门统一负责，具体落实公开招标的整个过程。按规定确定中标单位后，

申请部门、资产管理部门和供货单位签订具体的经济合同,明确三方的权利、义务,同时加强合同签订、履行过程的严格监控。

对于影响特别大、涉及较高专业技术或法律关系复杂的合同,应当组织法律、技术、财务、审计等工作人员参与谈判,必要时可以聘请校外专家协助工作。资产管理部门应当对合同实行全过程管理,加强对合同登记管理和合同信息保密管理,定期对合同进行统计、分类、归档,详细登记合同的订立、履行、变更和完成情况。合同履行中因特殊原因导致无法按时履行的,应当严格按照国家有关规定及时采取有效应对措施,签订补充合同或变更、解除合同,谨防合同纠纷。

学校财务部门应当严格按照签订的合同,根据经办人按规定办齐手续的合法的票据报销。报销单据按时足额付款,并严格审查审批手续是否完备,票据是否合法,经费是否到位。

3. 统一固定资产验收办法,规范验收程序

高校应当制定统一的固定资产验收办法,严格固定资产验收手续,指定资产管理部门和监察审计部门等专人亲自对所购设备的品种、规格、型号、数量、质量、单价、金额和其他相关内容进行实地验收,详细登记验收固定资产各项指标(品名、规格、型号等),明确保管责任人和资产使用人,落实存放地点,并出具验收报告,以防止有名无实、虚领谎报,随意侵吞学校资产的违法违纪行为。

(二)规范固定资产日常保管、使用、维护维修行为

高校应当健全固定资产事前、事中、事后管理相结合,日常监督和专项监督相结合,配置、使用、处置相协调和良性循环的具体管理办法,专门设置资产管理岗位,明确相关岗位的职责权限,特别是落实保管责任人、使用人在资产保管、使用中的责任和相关要求,建立健全相应的固定资产用管约束机制、激励机制和损坏赔偿追究机制,强化对固定资产配置、使用、调剂、处置等关键环节的管控,规范固定资产使用行为。

首先,资产管理部门应当按照国家相关要求,健全资产信息管理系统,借助现代信息技术手段,做好固定资产的统计、报告、分析工作,全面及时掌握学校固定资产管理信息,实现对固定资产入口、使用到出口等各个环节的动态管理,

并对固定资产实行分类、归口、集中管理，突出资产管理部门的责任，认真做好固定资产的使用管理工作、在学校内部实行资源共享、优化配置、统一调度、调剂使用，建立健全固定资产使用目标考核责任制，对学校固定资产实行绩效管理，充分调动学校各部门及相关人员的积极性，全面发挥固定资产最好的功效，最大限度地提高使用效率，避免闲置和浪费，为管好、用好固定资产奠定基础。

其次，严格固定资产保管及使用行为，安排专门人员负责固定资产的保管，强制要求学校所有固定资产集中保管（若确实无法做到，则除教室、会议室等不可移动设备由资产管理部门集中保管外，电脑设备、投影设备、摄影设备等可由各部门集中保管），统一安排使用。在使用时，由使用人填写固定资产使用申请表，列明使用事由、使用限期，报部门负责人审批同意后，由保管人将其所需固定资产移交使用人，并向使用人提出具体的要求，提醒其按期归还，健全固定资产交接制度。在使用过程中，保管人应当对使用人使用固定资产的情况进行监督检查，使用人必须无条件接受保管人的监督检查（涉密的按规定执行），发现问题及时提出整改意见和建议，防止固定资产使用中的不当损失和浪费。

最后，加强固定资产的清查盘点和日常维护维修的管理。资产管理部门和部门资产保管人应当健全固定资产财产清查制度和损坏赔偿责任追究制度，设立专人、专岗负责定期对所占有、使用的固定资产品种、数量、存放地点、使用人、保管人、使用状态等进行清查盘点（包括基本情况清理、账务清理、财产清查、损益认定、资产核实和完善制度等），做到家底清楚，账、卡、物相符；定期检查固定资产使用状态和检测设备运行状态，定期进行保养。若需要维护维修，先保证在售后"三包"服务期内由供货方或生产厂家解决，无法在"三包"服务期内解决的，统一由学校资产管理部门安排专人负责解决，维护维修费用统一由学校预算安排的设备维护维修费中列支。

第三章　高校财务绩效管理及控制改革研究

本章的主题为高校财务绩效管理及控制改革研究，主要从以下三方面展开论述，分别为高校财务管理绩效概述、高校财务管理绩效评价体系构建和高校组织人事与行政领导控制。

第一节 高校财务管理绩效概述

在教育经济学研究中，任何组织和制度的研究，都需要通过研究其内部构成之间的交互作用，选取一个能够切入问题、贯穿研究始终的着力点，作为研究的主线，从而构成一个完整体系，而这个切入点或者主线，便是我们进行研究的逻辑起点。我们在研究高校内部管理制度时，选择财务绩效作为逻辑切入点，以此剖析财务绩效导向的高校管理制度创新。

一、高校财务绩效的含义

绩效是组织期望的结果，是组织为实现其目标而展现在不同层面上的有效输出，它包括个人绩效和组织绩效两个方面。在一个组织中，绩效可以分为经营绩效和财务绩效。经营绩效是综合性的，体现为组织目标和任务的完成状况。财务绩效则针对财务活动而言，是财务资金的投入与产出之间的关系，即财务活动目标实现情况。

高校作为一个组织，同样要实现其目标，这就依赖于一定的财务活动。就高校财务绩效而言，具体是指高校财务活动的效率和效果。高校财务活动的效率关注的是高校财务资源的投入与产出之间的比例。高校财务活动的效果是从结果方面分析财务资源所发挥的功能，也就是高校财务资源的运用对实现高校目标的贡献状况。

二、高校财务绩效的特征

（一）多因性

高校财务绩效的多因性是指部门或个体的绩效优劣不是由单一因素决定，而是受制于主客观多种因素。它既受到环境因素的影响，又受到工作特征因素影响，也与组织的制度和机制有关，同时更受到个体工作动机、价值观的影响。

（二）多维性

高校财务绩效的多维性指的是需要从多个维度或方面去分析与评价绩效。比如，当考察一个院系的绩效时，不仅要看其学生培养情况，还要综合考虑其他的指标，如科学研究情况、社会服务情况等，通过综合评价各种硬软指标得出最终的评价结论。

（三）模糊性

高校财务绩效并不像企业那样可以明确地进行测量。高等教育具有政治功能、经济功能、文化功能、社会功能。由于教育结果的长期性，高校财务绩效往往难以体现为具体的指标，因而具有一定的模糊性。

（四）动态性

高校财务绩效具有动态性特点，伴随时间推移，个体绩效或部门绩效将发生变化，过去较好的绩效，有可能变差，反之亦然。因此，在对一个人的绩效表现评价时，要对绩效的动态性予以充分重视，不能在看待有关绩效问题时抱有一成不变的思维。

三、高校财务绩效的功能

立足财务绩效提高的视角，通过系统而深入地对高校各项管理制度在财务绩效提高、成本降低之间的关系进行探讨，对具体制度设计进行优化，将合理的制度结构、有效的制度安排构建起来。建立有效的行为规范准则和利益约束机制，实现交易费用降低，减少教育过程中行为主体之间的摩擦，对个体的机会主义倾向予以抑制，继而实现资金使用效益的提升。依托行之有效的制度安排，提供激励机制，将个体的工作积极性有效地激发出来，对科研秩序和教育教学秩序加以维护，尽可能避免不必要的内部耗损，实现资金利用效率的提升。

四、高校财务绩效评价

绩效作为人们在特定场所为实现其目标而展现在不同层面上的有效输出、客观存在的可度量的值，具有多因性、多维性和动态性的特点。绩效的内容既包括结果又包括行为、能力，在不同的层面、不同的学科领域，绩效有着不同的内涵表现。

本书中绩效主要侧重于高校财务绩效，主要指高校经费投入的产出和结果，是公正、客观、科学地对高校财务行为过程与结果进行比较衡量、综合评价，将高校教育资金投入产生的效益、效率、效果反映出来，对高校教育资源利用情况及其目标完成情况予以检测，从而对高校的资产、资金等经济效益情况和使用状况进行评价。

（一）财务绩效评价的内容

所谓绩效评价，就是在组织中对一定的评价方法进行使用，对评价标准和指标加以设置，考察组织绩效目标的实现程度。绩效评价属于综合性评价，既评价结果，又评估组织在实现目标过程中的行为。本书中，财务绩效评价有着如下主要目的：对高校经费的分配、使用进行考察，看其对学校整体良性循环发展能否起到有益作用，对高校资源运转的安全性、有效性予以重视，实现资源使用效率的提升。

效果、效益、效率，这三者属于高校财务绩效评价的主要内容。高校获取收益的能力，更多指的是高校对经费的获取能力，这对高校各项事业发展的能力、后劲起到决定作用，具体而言，包括高校从政府获得科研经费、学费收入、教育拨款，通过社会捐赠、社会服务和兴办校办产业获得经费。财务效益，主要指高校资金的使用效率，综合反映高校投入与产出的对比关系。财务效果是学校综合实力及获取收益的能力，也是高校实现本身职能的外在表现。

（二）财务绩效评价的作用

绩效评价作为管理的手段、管理决策依据、人力资源开发的途径、绩效改进的动力，具有强大的反馈、控制、激励和开发功能。实现高等教育的可持续发展是推进高校财务绩效评价的主要目的。绩效评价在实践中的作用主要体现在以下三个方面：

第一，动态监控作用。有助于各项管理工作进行全方位的监控管理。在项目立项过程中，前期的绩效评价可以作为参考或者依据；项目实施后，可以及时发现执行过程中出现的问题，预测可能后果并采取相应的控制措施，绩效评价的结果为实施监控提供了一个重要的信息来源。

第二，激励作用。绩效评价的结果是"激励"的依据，依托绩效结果，对后进予以鞭策，对先进予以奖励，将各个主体的创造性、积极性充分调动起来，让各项工作能够更加健康、快速、顺利发展。

第三，优化资源配置作用。在部门预算安排中，绩效评价结果的运用是最直接的表现。通过对项目理想的必要性、合理性、科学性，资金使用的有效性、经济性、合法性，项目实施的效率与质量、监督管理的方法、手段与效果等整体运行过程的绩效评价结果，对是否应当继续支持该项目、应予以怎样的扶持力度进行判定，这对于避免盲目性、随意性来说，是大有裨益的，也有利于资源配置的优化和科学地设定目标。

五、解决高校财务管理绩效不高的对策

（一）统一并提高各级领导特别是校级领导的认识

高校各级领导都要高瞻远瞩，立足全局，以对人民、对国家高度负责的使命感，充分认识实现高校财务管理经济效益提升的重要意义与价值。实现财务管理绩效提升，就是向管理要效益、要经费，是对高校投入不足和高校事业发展这一对矛盾予以解决的关键举措。除此之外，还要深刻认识到，不能让财务部门单独承担起财务管理绩效提升的责任，必须由各级领导予以支持，还需要经费使用单位和各职能部门加以配合。

1. 树立绩效最大化的财务管理目标

财务管理目标，通俗来讲就是"理财目标"。高校开展财务活动须达到的根本目的就是"财务管理目标"，其对财务管理的基本方向起决定性作用。

《中华人民共和国高等教育法》明确规定，自批准设立之日起，高等学校获得法人资格。高校的独立法人地位也因此在法律上被明确下来。伴随我国高校确立了独立法人实体地位，高校渐渐有了多渠道的经费来源。

在过去，高校财务管理总目标仅仅对"最大化社会效益"予以强调，现如今，其同时对最大化的社会效益和经济效益予以追求，简而言之，就是追求绩效最大化。高校财务管理目标，对投资的风险价值和资金的时间价值进行考虑，有助于高校对长短期规划的统筹安排，也有助于其合理制定分配政策、有效筹措资金、合理选择投资方案。"绩效最大化"这一目标，反映出国家对高校提出的"资产保值增值"的要求，对于避免管理出现短期行为和片面性问题有很大帮助。同时，对于合理配置资源和教育资金使用效益的提升也大有裨益。

国家财政部自20世纪90年代以来，对高校教育经费分配方式予以改革，从传统的"基数加发展"革新为当前的"综合定额加专项补助"。高校也因财政对高校拨款体制的革新，在资金使用方面获得自主权，能够更积极、主动地对资金进行有效而合理的使用，有助于高校将自身利益、发展与资金使用效益的提升结合起来。

2. 树立高等教育成本意识

从公共产品理论出发，高等教育既有公共产品属性，也有私人产品属性，严格来说，它是"准公共产品"。社会个体和政府共同对高等教育的办学经费进行承担。社会个体和政府扮演的角色是"投资者"，而高校扮演的角色则是高等教育资本的"经营者"，对于高校财务绩效管理研究来说，怎样对经营管理予以改善，实现投入的成本效益最大原则，尽可能让单位成本产生最大绩效，是一项非常重要的任务。

（1）正确对教育具有的"非营利性"进行理解，将教育经营意识树立起来

教育是一个产业，而产业是需要经营的，不能只是简单进行管理。实际上，我们应当有效地经营整个教育产业，也应当有效地经营一个个教育单位。教育的"非营利性"主要是针对教育性质而言的，而对于所有教育单位来说，无论其对私人产品、准公共产品还是公共产品进行提供，都要进行经济核算，要想方设法削减支出，实现收入的增加。作为高等教育单位，高校应当不断强化成本管理意识，树立以成本价值、收益与风险、效益与成本等市场价值体系为主导的新型成本效益理财观念，让成本付出尽可能少，也让创造的使用价值尽可能多，实现教育教学服务质量的提升。

（2）基于现代管理会计与成本会计理念，将高校教育成本核算与控制评价制度建立起来，并不断完善

计划经济体制时，国家几乎承担了我国高等教育的全部直接成本。改革开放之后，在"国家财政投入为主，多渠道筹措办学经费"的投资结构下，高等教育的成本不再完全由国家负责，而是改由多方一并承担，基本确立了高等教育成本分担机制。

1996年，财政部、国家计委、教育部经国务院批准，联合颁布了《普通高等学校收费管理暂行办法》，明确规定应将学费的收费标准控制在生均培养成本的25%以内。所以，不管是学生（教育消费者）还是高校（教育经营者），都对"生均培养成本"这一指标予以更多关注。这一指标既对高校成本补偿的程度起决定作用，又对学生的教育需求水平进行体现。

为将高等教育成本客观反映出来，高校可以引入企业的成本核算制度，针对就业、培养、招生等方面对成本进行归集，在核算生均成本时对完全成本法进行采用。

归集成本之前，高校首先要对两个概念予以明确——成本与支出。所谓成本，指的是为对学生进行培养，以及高校发生的各项支出之和；所谓支出，指的是一定时期内，高校发生的各项支出、费用之和。当前，高等教育支出涵盖对附属单位的补助支出、基本建设支出、经营支出、科研事业支出、教育事业支出等。对于成本核算而言，对生均培养成本要素进行合理确定，堪称首要任务，简单来说，就是在成本开支范围应当列入哪些支出内容。教育部早在2006年就表示过，将与国务院有关部门联合出台高校生均成本核定办法，然而时至今日该办法尚未出台。由此可见，制定一个合理、公正、公平的高校"生均成本"核算办法，不是那么简单、轻松的事。

在对成本要素明确之后，高校还应当对会计核算基础进行改变，运用权责发生制对成本加以计量。现行的会计核算基础收付实现制，能够通过对现金的提前、推迟支付，实现对各年度开支的操控，这也对成本核算的准确性产生直接影响；收付实现制并未重视"管理固定资产"这方面的内容，未能计提折旧固定资产，对成本核算的完整性产生直接影响。

因为未能对成本费用进行完整、准确的计算，收付实现制难以与高校教育成本管理的需要相适应。权责发生制则与收付实现制不同，其通过对固定资产计提折旧，以及对一些或有债务、长期项目的信息进行反映，可以将一个时期内高校对学生培养过程中耗费资源的成本更全面、更准确地反映出来，同时更好地配比预期的绩效成果和预算确认的成本，继而对高校管理者的有效决策予以支持，能够更好地强化在产出、结果方面管理者的责任，对于高校绩效财务管理研究而言，也是大有裨益的。

基于成本核算，高校财务管理应当对成本控制评价进行强化。所谓成本控制评价，就是通过对比、分析预算计划或标准成本与实际成本，对成本核算与控制水平进行评价的过程，如果我们想要对高校教育成本核算与控制有没有达到目标进行检验，就要将其作为重要且关键的环节。其主要内容包括对成本偏差的自认归属进行确定与及时纠正，对差异形成的原因加以分析，对成本差异予以揭示，对教育成本标准加以制定。

（二）建立健全高校经济责任制，进一步完善高校内部财务管理体制与运行机制

立足《高校财务管理制度》，高校现行财务管理体制有两种，其一为"统一领导，分级管理"，其二为"统一领导，集中管理"。前者优点在于，能够对校内各单位增收节支、当家理财的积极性予以调动，将财务关系理顺，实现经济责任制的强化，然而，想要真正发挥上述优势，必须事先满足一定前提条件，即高校要拥有各项健全的财务规章制度和财经政策，拥有完善的结构设置、齐全的人员配备、清晰的财务关系和明确的权责利，同时要确保消极宏观调控能力；后者的优点在于，能够集中权力，有助于直接管理；缺点在于，因为过度集中财权及财经工作的管理，对学校及校内各单位增收节支积极性的调动有不利影响。

当前，高等教育体制改革不断迈向纵深，已然初步形成了教育投资体制多元化格局。在后勤社会化、科研成果转让、招生分配、经费来源、管理体制等方面，高等学校的变化非常大，不再采用单一的事业型管理，而是逐渐过渡向多元化管理，正在一步步成为面向社会的独立法人实体。由于各类经济活动越来越复杂化，相对应的，财务管理内容也发生变化，高校应将健全的经济责任制建立起来，进一步对高校内部财务运行机制与管理机制予以完善，对现行两种体制取长补短，摒弃缺点、保留优势，将"统一领导，分级管理与集中管理相结合"的财务管理体制建立起来。

"统一领导"指的是基于统一的财务规章制度和财经政策，学校将统一的财务收支计划制定出来，以此为依据，实行统一的财会业务领导和统一资源配置。高校一定要保证学校经济资源配置、经济分配政策、财务规章制度高度统一。统一领导高校的财务工作，能够实现财力的有效调度，有助于高校宏观调控能力的强化，为高校可持续发展提供保障。

"集中管理"指的是学校财务部门的宏观管理，在整个高校财务运行机制中，总是居于主导地位，通过大收大支，将必要的资金集中起来，对支出进行统筹安排，实现资金使用综合效益的提升。

"分级管理"主要指高校财务收支、财经工作基于学校统一领导，基于校内各级单位明确的责、权、利关系，贯彻落实财权与事权相结合原则，将财权适当下放。

在高校财务管理体制中，经济责任制属于核心制度，高等学校建立各级经济责任制并不断使之健全、完善，既是防止财经工作失误、实现管理水平提升的有效路径，也是高校财务管理的必然要求。教育部、财务部下发的《关于高等学校建立经济责任制加强财务管理的几点意见》规定得十分明确，想要建立健全各级经济责任制，首要任务是建立健全校（院）长经济责任制。对于高等学校而言，其校（院）长是法定代表人，在学校的财务工作方面要承担法律责任，因此必须对强化学校财务工作的紧迫性、重要性予以充分认识，对国家的财经制度、法规严格执行，迅速采取强有力措施，面对任何财务管理方面的问题和违规违纪的问题，都要认真防范与纠正。

高等学校不仅要依照规定建立健全校（院）长经济责任制，还应当贯彻落实"统一领导，分级管理"原则，根据校内管理层次，分别建立起基层财务人员、二级单位财务负责人、财务处长、主管财务工作的副校（院）长或总会计师等不同层次的各级经济责任制,确保一级对一级进行带动,一级对一级加以管理,将每一个基层经济单位抓好。

在对财务管理体制进行完善的过程中,高校要明确其中关键所在,那就是在资金集中、统一领导的基础上,将学校和校内各基层单位集权与分权的关系处理好,将责、权、利有效结合起来。责任和权力之间的关系用一个词概括,就是"相辅相成",如果只有权力,没有责任,那么权利将"泛滥成灾";如果只有责任,没有权力,那么必然会导致积极性的消散。因此,学校应当将分级管理结合于集中管理,做到"放而不乱、统而不死"。

第二节　高校财务管理绩效评价体系构建

一、高校财务绩效评价指标体系的构建

（一）高校财务绩效评价指标体系构建的重要性

1. 满足高校财务制度的要求

我国财政部于 2012 年代对《高等学校财务制度》（以下简称《制度》）进行颁布。该《制度》对包括成人高校在内的我国全部全日制普通高校的财务管理工作均有着明确要求，同时规定，高校必须将绩效考核、评价工作纳入高校财务管理工作之中，继而为正常开展高校财务管理工作提供保障。

同时，该《制度》也表明，在未来运作过程中，必须实现资源使用效率的提升，优化分配高校资源，实现高校经济效益、社会效益的平衡，不仅让高校的教育水平得到提升，也要令高校得到经济效益的提升。此外，应当依托绩效考核、评价，为财务管理中各项工作的实施与开展"保驾护航"，防止出现浪费高校资源或高校资源被不法窃取的问题。

2. 建立高校内部经济责任制

高校经济责任制是指高校应当将"办学"作为自身目标，基于此，对各岗位的职责、权限、分工予以明确，让各部门、各岗位之间密切配合、彼此监督，继而实现自身经济效益的提升的经济制度。在高校内部管理中，高校经济责任制是不可分割的。无论在哪个组织、机构和企业，又或是在哪个行业中，货币价值都是财务管理工作的评价标准，对于高校财务管理来说，更是如此。其以此为指标对高校的各项活动（行政活动、科研活动、教育活动）进行评价，同时借助各项活动的影响、效果，将高校当前的社会效益、经济效益真实地反映而出。而构建财务绩效评价指标，能够对各项活动进行真实、客观的评价，继而为与高效经济责任制有关的制度的制定、实施和效果评估提供保障，更好地发挥高校经济责任制的作用。

3. 加强政府的管理工作

立足我国高校开办的实际情况，高校中的大多数都是公办高校。国家财政拨款是公办高校运作经费的主要来源，次之则为学生缴费收入。由此可见，学校的投资主体是国家财政，因而高校并非归个人、企业所有，而是归国家所有。基于此，高校财务管理势必要对国家财政负责。除此之外，财政部还将一系列措施予以颁布，为预算的执行与完成过程予以保障，为预算资金的使用效率、途径予以保障，确保国家财政针对高校的拨款落到实处——被用在高校的建设之中。

尤其财政部于2013年4月颁发了《部门整体支出绩效评价共性指标体系框架》和《财政预算绩效评价共性指标体系框架》，对高校资源的优化配置进一步明确，也为高校经济效益与社会效益之间的平衡提供更多保障，同时要对高校财务管理中风险的评估予以强化，将高校财务绩效评价指标体系建立起来，从而确保顺利、正常开展高校财务管理工作，实现高校管理工作效率与质量的提升。

我国高校大多数属于公办学校，所以在建设高校、管理高校的过程中，应当从我国基本国情和相关政策出发，以此为导向，遵照国家相关法律法规进行办学，同时开展科学管理。构建高校财务绩效评价指标体系，有助于依照国家政府及相关部门要求开展高校财务管理工作，有助于高校资源使用效率的提升，实现高校学生和教职人员利益的提高，一方面对高校社会效益予以保障；另一方面，以此为基础，完成高校经济效益的提升，保障高校的建设工作和现代管理体制改革顺利进行。

（二）高校财务绩效评价指标体系构建的基本原则

1. 社会效益与经济效益的均衡原则

纵观当前我国高校财务绩效评价指标体系的构建，重点是围绕高校经济效益的分析与评价来开展的，但是针对高校社会效益方面，未能建立起完善的评价指标。我们应当认识到，无论哪所学校，都应当承担社会责任。所以，在开展财务绩效考核、评价时，一定要对高校的社会效益予以重视，要保证高校社会效益与经济效益均衡，如此才能既对高校财务状况予以公正、客观的评价，又为高校的良好发展给以支持。

2. 针对性原则

我国高等教育可被划分为学历教育、非学历教育，也可被划分为全日制和非全日制。同时，学历教育包括研究生教育、本科教育和专科教育。尽管我国高校中的大部分都是公办学校，然而也可见到民办高校的身影，只是数量较少罢了。除此之外，即便是全日制高校，也被划分为不同类型，如应用实践型、教学型、研究型、综合型等。所以，在构建高校财务绩效评价指标体系的过程中，必须从高校实际情况出发，立足高校的教育形式、层次、类别，有针对性地进行，如此才能真正充分发挥财务绩效评价指标体系的作用，实现高校管理水平的提升，为未来高校的更好发展提供保障。

3. 价值与非价值指标的结合原则

高校既是研究机构，又是教育机构，有着绝对不容忽视的社会效益。所以，在构建高校财务绩效评价指标体系时，不仅要考核、评估具有货币价值的内容，也要针对非货币价值的工作内容开展财务绩效评估。对于高校来说，获奖数、论文发表质量与数量、科研成果转化率与师生比等，都属于非常宝贵的资产，不容忽视。

4. 绩效评价与财务分析指标的结合原则

财务分析指标是指相关工作人员利用特殊方法，分析高校的财务报表、事业计划和其他资料等信息数据，从而将阶段时间内高校财务的实际情况反映出来，对阶段时间内高校各项活动的规律、效果更好地予以评判，同时基于此，对日后高校经济活动及其他事业活动进行指导。

为何要使财务分析指标结合于绩效评价指标呢？其原因在于，在财务分析工作中需要的相关于财务工作的资料（如财务报表等），都需要通过绩效考核、评价得出有关数据与结论。所以，唯有将财务分析指标的制定与绩效评价指标的制定结合起来，保证彼此之间辩证统一，才能为高校财务分析工作的开展保驾护航，为未来高校更好地发展提供更多有益条件。

二、高校财务人员绩效评价体系的构建

高校财务管理是严格落实国家财经政策的重要内容，是高校从根源上消除经济犯罪、避免经济损失的关键环节。提高高校财务管理水平对提高高校综合管理能力有着至关重要的作用，而作为现代高校财务管理工作核心的财务绩效评价体系的构建显得尤为重要。本节阐述了高校财务人员绩效评价体系构建的必要性，分析了高校财务人员绩效评价存在的问题，提出了高校财务人员绩效评价体系的构建策略。

目前，我国高校尚未构建完善的财务绩效评价指标体系，对高校财务人员绩效的评价基本以财务分析指标为准，由于该指标主要凭借价值性经济指标对财务结果加以评价，无法客观全面地反映高校财务运行的现状，无法全面地反映非经济指标在绩效考评中的重要性。因此，构建完善的高校财务人员绩效评价体系具有重要的现实意义和应用价值。

（一）高校财务人员绩效评价体系构建的必要性

1. 强化高校内部管理的实际需要

高校经济责任制是高校内部管理制度的核心，是高校内部建立的以实现根本教学目标、实现经济与社会效益双赢为目的、以责、权、利相结合为特点的职责分明、相互监督、逐级落实的经济管理体系。财务管理是以货币价值为指标对高校各项活动加以监管，受货币属性的影响，高校财务管理活动具有明显的综合性特征，这决定了财务指标可以真实地反映高校各项活动的实际效益。要实现对财务人员的绩效评价就必须以财务经济指标为主。只有构建完善的经济责任制和财务绩效评价指标体系，才能充分落实经济责任，才能实现财务人员绩效考核的制度化和规范化，为财务人员的业绩评价、绩效奖罚和选拔任用提供制度保障。

2. 加强政府宏观管理的客观需要

目前，我国高校办公经费主要以政府拨款为主，财政部为了对预算的落实情况和执行结果进行全面客观的追踪问效，全面提高预算资金的利用率，出台了《预算绩效评价共性指标体系框架》和《部门整体支出绩效评价共性指标体系框架》，

进一步加强了对高校财务管理现状、运行情况、财务风险的管理与分析,从客观上需要构建完善的高校财务人员绩效评价体系,为政府的宏观管理提供客观依据,以便对高校运行的经济效益和社会效益进行全面考核。

(二)高校财务人员绩效评价体系的构建策略

高校要从实际存在的问题着手,有针对性地提高高校财务人员绩效评价工作的质量,构建完善的高校财务人员绩效评价体系。

1. 强化绩效评价意识,提高思想重视程度

众所周知,对工作的重视程度会直接影响后续工作开展质量的高低。要想提高高校财务绩效评价工作质量,先要强化管理者的绩效评价意识,提高他们的思想重视程度。高校财务绩效管理工作与企业财务绩效管理之间存在许多共性,但又由于高校属于现代社会人才培养的重要基地,所以高校在许多方面需要权衡教育质量与经济效益。因此,高校财务人员绩效评价工作与企业财务绩效管理之间又存在许多差异。高校管理层必须重视并加强相关理论知识的学习,只有这样才能避免财务人员绩效评价流于表面,真正实现统筹兼备、全面把控。高校管理者必须树立现代化财务管理理念,必须在加强现代教育改革、提高资源利用率的基础上强化财务绩效评价意识,明确财务绩效管理工作高效开展是促进高校可持续发展的有效手段,进而将这种理念和意识充分落实到日常管理中,提高高校内部管理工作的整体质量。

2. 加强指标体系建设,确保评价结果客观

要想提高财务管理的绩效评价工作质量,就必须从评价的具体工作入手。换句话说,就是要构建完善健全的绩效评价指标体系,只有这样才能确保绩效评价结果的客观性与公正性。同时,绩效评价体系构建必须明确评价标准、评价内容、评价对象、评价流程和评价范围。此外,为了避免财务绩效评价工作流于表面、流于形式,应该使财务性指标与经济性指标有效结合,确保短期目标与长远目标的协调一致,不仅要重视评价结果,还要加强后续评价、分析、研讨,提高绩效评价工作的深广度,同时将评价结果作为未来预算管理、资源分配、资金利用等具体工作的重要依据,以便充分发挥财务人员绩效评价的真正作用。

第三节　高校组织人事与行政领导控制

一、高校组织人事控制

管理学中的组织是指为了使人们有效地工作以实现目标，必须设计和保持的一种合理的职务结构。"组织"一词，如以人为对象，则是把许多人集合起来，发挥团队精神，以达成共同的目标，还有人说，它包括所有参加者的一切行为。对于大多数从事组织工作的人来说，它是指有意识形成的职务结构或岗位结构。高校扩大规模后，有着越来越多的工作任务，因而有必要为部门划分主要的任务和责任，并使这些部门工作协调一致，齐心协力实现高校目标。

正式组织的实质是有意识地形成共同目的，并能相互沟通、乐于尽职。正式组织应遵循目标一致的原则与效率性原则。任何没有自觉的共同目标，却能产生共同成果的组织形式，即为非正式组织。部门是指一个主管人员有权指挥既定活动的特定领域或分支机构。在地方高校，部门还表明了管理上的等级层次关系，如处长领导处、科长领导科。目前各高校组织形态，由上至下，在外观上呈现出上小下大的金字塔形状。

高校开展组织工作，对于权力与责任的明确来说，是十分有利的，重点规定哪一部门负责何种工作，以及谁对谁负责；能够依据工作责任，将人们划分为群体，同时进行控制与交流；能够从各种信息反馈资料出发，对决策进行拟定，并予以改善；能够对各种活动的地位明确区分，对其应执行的部门予以规定。

组织工作的上述功能，具有潜在性，必须进行正确地设计才能发挥其作用，同时组织工作不是一劳永逸的事，它具有连续性或周期性，必须要不断适应变化着的形态。在进行组织工作设计时，必须考虑战略、技术与环境等影响因素；组织结构必须要反映出目标、战略，因为任何高校的业务活动均是从目标、战略计划推导出来的，形式必须服从职能，结构理应服从战略；组织结构必须适应高校任务与技术的需要，如对于简单生产系统，可采取扁平的组织结构，对于生产程序技术复杂的高校，可采用多层次组织结构；组织结构还应该反映出周围环境的需要，如果环境稳定又可预测，可进行永久性程序设计，如果环境动乱不定，则可进行临时程序设计；组织结构还一定要考虑高校主管人员的职权范围及人员调配等问题。总之，组织是伴随计划而存在的，假如缺乏健全、合理的工作计划，那么人力调配与组织设计将没有意义与价值；组织机构（或被称为组织形态）是组织设计成果，在设计时依照的设计原则不同，出现的组织机构也会不同，而组织机构不同，其产生的作用与影响也有所不同；组织设计要从实际需要出发，切忌生搬硬套，要满足协调合作高效、信息渠道畅通、职位层次清晰等要求，不然将难以发挥宝贵资源（如信息、技术、时间、财力、人力、物力）的统合力量。

组织设计的方法很多，通常来说，现代高校管理组织的设计都是根据目标导向进行的，实现目标、执行计划是组织设计的基本目的，应当以"事"为设计的着眼点与前提，切忌"因人设事"，而要"依事寻人"，主要分为如下六步：

第一，对高校目标进行确定，继而分解目标，对计划、政策加以拟定。

第二，将达成工作目标的各种"动作要素"构成有效的"操作活动"。

第三，将各种适当的"操作活动"构成合理的"职务"，同时依照最佳途径和可利用资源，对业务或职务活动进行划分。

第四，分解各种职务为个人所承担的职位，同时将各种职务组成"部门"等。

第五，按一定层次排列部门，构成完整的系统或组织结构。

第六，借助职权关系和信息，实现各部门工作的沟通协调。

（一）组织机构设置

如何对部门进行划分，是组织机构设计的关键。划分部门有多种方法，关键要使部门划分后所构成的结构体系适应战略、技术和环境方面的特定条件。传统划分部门的方法有两种：一种是按数量划分，另一种是按时间划分。按数量划分部分的方法是：抽调出一拨无差异性的人，由一位主管统领，去完成一定的任务。这种方法的实质在于所需人力的数量。以人数为基础划分部门的方法，不利于劳动技巧的提高，也不适应专业化的需要，更不适应中、高层的管理，而仅仅适应组织结构的基层工作。按时间划分部门的方法是：根据时间来组织业务活动，如采用轮班制的方法。这种形式的主要缺点是不利于监督和提高效率,同时增加了中、晚班费用,也只适合基层管理的需要。目前流行的划分方法主要有以下三种:

1. 职能组织

职能组织,即按高校的职能组织业务活动,以便每个系部都有不同的义务和责任。这里首先要确定的是一个高校的主要部门,是人数多、预算费用高、关系高校存亡的主要职能部门,但如果每个主要职能部门管理幅度太大,就应进一步划分派生职能部门。职能组织的主要优点是合乎组织工作逻辑,能遵循专门化原则,能维护主要职能的权力和威信,能简化训练工作,能有效实施上层严密的控制手段。缺点是仅仅由上层管理当局对盈利情况负责,过分强调专业化,不利于一般主管人员的培训,部门之间难以协调。

2. 区域性组织

以地理位置为基础按地区划分部门的组织结构,即为区域性组织。该种方法特别适用于规模大的学校,或者业务活动分散的地方高校。它能够像产品组织那样,确定单个业务高校的利润责任,能够激励管理人员,促进区域性高校的全面成功,也能适应不同区域的特点。其主要缺点类同于产品组织的缺点。

3. 矩阵组织

20世纪70年代,人们在同一个组织机构内将按职能划分部门的方法和按产品划分部门的方法结合在一起,采用这种方法建立的组织机制即为矩阵组织。这种组织也称为"方格"组织,或"项目"管理、"产品"管理,实质上是一种折中的办法,这种办法能获得按职能和产品划分两种结构的长处,同时又能避开二者的不足,有利于高校适应外部环境与信息交流,也有利于减轻经营和成本方面的压力。但矩阵组织也有其弱点,如无政府主义的趋向、过度的权力斗争和会议及群体决策太多。

除了上述三种主要的划分部门的方法以外,还有面向市场的划分方法、按工艺和设备的划分方法及按服务部门划分的方法。任何组织机构的设计并不限于采用一种方法或类型结构,应努力使组织的不同部分适应不同的条件,采用复合设计法，以鼓励人们以最适应工作任务的方式进行思考和行动。此外，应重视一级高校的分组以构成完整的责任中心、一级高校设立标准、关系"事业部制度""目标管理""集权与分权"等现代化管理方法与知识的应用。完整的责任中心体系包括服务中心、教学中心、成本管理中心与工作中心。事业部制度组织是以"服务中心"制度为组织的设计。

（二）协调关系设置

分工与协调是组织控制的两大职能。分工可以使组织内部活动专业化，而协调有利于部门上下级之间的配合。部门划分以后亟待解决的问题是，部门间必须加以协调使之成为一个工作整体。一个组织不只是由若干个有着各自目标的独立部门组成，必须将各部门的努力结合成为一个整体，才能取得成功，如果一个组织协调不好，就会出现控制失灵、冲突严重、职权和工作能力分离、某些工作无人过问等现象。无论什么样的组织都是协调人员行为的非人性质的体系，其协调方法多种多样。

1. 纵向协调设置

有意地建立一个职权等级，规定各级管理职务责任和上下级关系，旨在开辟指导职工活动和交往的途径。设计职权体系，是设计协调组织的起点，其目的是要建立一个强有力的指挥系统，使指挥系统中的每一个人都明确自己所处的位置，知道谁向他负责，他向谁负责；命令从上向下传，报告自下向上传。设计职权等级的原则是建立报告关系、负责关系及控制跨度。任何高校都应建立从高校最高管理者到最低管理层的、相联系的和不间断的报告关系。这种报告关系也称为命令链，它要求从最低管理层开始，每一级都要对一位上级负责，并据此来检查每个人的行动是否违反了上级的期望，这样就有利于各级之间的协调。建立命令链的思想，要求人员之间的交流和对下属的控制不应间断，下级不应该背离上级指导；任何一级管理人员不应绕过其直接负责的部门，向更低一级的主管人员发布命令。根据统一命令的概念，下属只对一位上级负责，而不可能满足多位上级的要求，否则会造成不应有的紧张关系。为便于纵向协调，还应注意各层次管理部门的控制跨度（管理幅度）。管理幅度是指对管理人员（或部门）所管理的人数或所属机构的实数的限制。管理幅度到底多大为宜，应根据部门等级、主管人员能力、授权程度、被控制者素质、工作制度、工作程序、工作计划而定，并没有统一规定。例如，有人认为中级和高级管理人员应管理3～9名直接向他们负责的人为宜，有人认为高级管理人员应管理4人为宜，有人认为基层管理人员管理30名为宜，也有人认为管理8～12名为宜。影响管理幅度大小的主要因素是业务活动的多样性、不确定性、新颖性，下属工作的复杂性、随机性、责任性，下属人员的专业水平，标准化程序和非管理性工作量等。

2. 横向协调设置

任何组织除了纵向协调外，还必须注意横向协调，即部门间的协调。在设计横向协调时，必须注意需要协调的地方、需要协调的程度、协调机制、适用情况等。部门间是否需要协调，取决于部门间的相互依存性及其产生的结果，如教学和后勤部门，应根据教学需要进行协调，否则会导致教学质量的下降，直接影响到高校管理水平和其生存发展。到底需要多大程度的协调，主要依据各部门从事的共同任务的不确定性来决定。任务不确定性越大，需要协调的程度越大，决策者需处理的信息量就越大。因此，有必要设计协调机制，即设计部门间信息交流和拟定决策的手段，具体内容如下：

①建立标准程序，以解决常规性的协调问题。

②建立垂直的职权渠道。如果存在的问题不太多，而部门间的利益冲突又难以解决的话，应通过有权做决定的上司去解决，但这种协调方法并不经济。

③建立临时会议制度。当有关部门发生不协调情况时，应由各方派出代表参加会议解决。

④建立定期会议制度。如果部门之间经常发生不协调问题，可以定期举行会议加以解决。

⑤明确协调责任。在部门目标和职务说明中明确规定协调责任及合作义务。

⑥建立协调机构或专设协调人员。如高校协调工作很多，理应设置协调机构或协调人员，专门从事责任划分工作，负责平时的协调工作，如设调查员、联络代表、协调人、计划员等承担中间人的任务。

此外，还可以根据矩阵理论设计协调机制，用以解决既相互竞争又很重要的两项工作。有了各种协调机制和手段，还应根据不同的需要进行选择，以保证其有效使用。

3. 参谋协调设置

除了纵向协调和横向协调外，很多管理者还采用"参谋"协调的方法。参谋在管理学中有着数种不同的含义，有时是指管理人员助手的职务，有时是指一种特殊职务——处于从属地位，只向一名管理者负责。参谋具有服务、咨询、监督与控制职能，参谋部门负有临时性的协调之责，还能起到帮助的作用。从整个组织机构来说，某些部门对整个组织来说，主要是参谋式的关系，另外一些部门主要是直传关系。要做好各部门的协调工作，不仅要注重按分级原则进行直线或阶梯式的职权关系设计，还要注意具有顾问性质的参谋关系设计。

4. 职权协调设置

把职权和决策权向上移交被称为集权，向下移交则称为分权。更确切地讲，管理者把职权和决策权集中到高校结构的最上层，即为"集权"；如果把职权和决策权分散到全体下级人员，则为"分权"；有些管理者授予下属特殊职权和职责，即为"放权"。

如果一切问题均由最高管理层作出回答，这样有可能导致决策慢或作出不高明的决策；如果一切问题均由下层作出回答，又有可能会导致失控，铸成大错。过分地集权和分权均有利弊，这是显而易见的事，要想更好地进行职权控制，应采取随机制宜的原则。对一个特定的组织来说，在特定的时期内，它的某些职能最好实行集权，其他职能则实行分权，只有通过掌握特定的事实，在处理特定职能时权衡利弊后才能作出正确的决策。要把各种职能看成由不同的活动组成，而不能看成是一个整体，对有些活动可以实行分权，对另一些活动则需要实行集权。

放权或授权管理，是一种较好的职权管理形式，它是指管理人员分配任务和分配完成任务所需职权和职责的过程。授权控制应力求做到具备完全性、明确性和充分性。完全授权是指对每项任务分配时，授予被授权者应负的责任和应有的权力,以避免无人负责的现象出现。明确授权是指,授权者应明确告诉被授权者对何种任务负责、有哪些职权,应使下级人员清楚了解自己的任务、职责和职权,在职权范围内无须事事请示。职权是发布命令的权力,职责是对结果所负的责任,二者应该平衡。授权的充分性是指,授予下级的职权应能充分保证其完成应负的责任,这样有利于促进有关任务的完成。此外,进行授权管理并不能减轻上级应负的责任,上级应对下属职务范围内的行为负责。进行授权设计,必须遵循按照预期成果授权、明确职能界限、分级、分层、统一指挥、职责的绝对性、权责对等原则。

5. 影响力设置

要把职权变成影响和改变行为的力量,职权才能产生效率或效益。一个人的行为可以受到另一人行为的影响,产生影响的能力即为力量。要使各阶层主管能够产生影响下属行为的力量,必须发掘各种力量的源泉,如合理的报酬、适当的处罚、合法的管理、模范的行为及专家型的指导等。只有当下级明白上级能给予他合理的报酬,他才乐于接受任务;只有当下级明白应受处罚的范畴,才能遏制他们无理的需求和使困难的任务得到接受;只有当下级明白了上级的指挥是合法的,他才能服从;只有上级以身作则作出表率,下级才能仿效;只有上级有能力满足下级需要的知识,才能使下级心悦诚服。

(三)工作设置

明确了如何划分部门和协调部门的工作后,就应该进一步明确如何设计部门职掌和群体及个人应完成的工作。各部门的职掌是一个为达到共同目标分工办事的环节,若干环节形成的链才是大家共同维持其密切配合的工具。进行部门和个人工作设计时,要根据总体战略来设计,使各部门或个人的工作有利于总体目标的实现和战略的实施;要根据技术因素进行专业化分工,即把大的任务分成若干小任务,以助于提升职工技巧和效率;在考虑技术因素的同时,还要考虑到心理因素(职工价值观、责任感、成就感等),以满足职工对工作多样性、完整性、重要性、自主性与自动反馈的要求,有利于激励职工,唤起积极性,对工作感到充实而满意。职掌与工作设计,一般先从主要教学部门开始,再设计服务部门的职掌，如总务、人事部门的工作设计，然后根据工作程序一条一条地列举出来，进行整理归纳。

例如，拟定后勤部门职掌时，就要依照其工作程序，从采购教材开始，并列请购单、询价与订货、验货入库、登卡入账、安全保管、凭单发货，到检验、包装入库等；根据列出的职掌，按照计划、执行、考核行政"三联制"进行核查，看有无漏列和应予补齐、调整的问题。纵向方面使职掌与程序衔接起来，横向方面将人、事、物连接起来，形成完整的部门工作体系或个人工作系统。例如，某教育厅主管其财务处主要职掌为：研制与修订会计制度，并督促所属高校加强会计制度建设工作；编制本系统预算，并审核与汇总所属高校预算资料；汇总与编制月报、季报与年终决算；编制财务分析与成本分析报告；检查所属高校会计资料及有关会计事务的处理；检查各高校预算执行与控制状况；指导与培训系统内的会计人员，并负责会计人员的考核与职称评定工作；指导系统内的统计核算与业务核算工作，定期组织财务检查工作。

（四）人事控制设置

人事控制的根本目的就是要采取某种确保高校目前和未来都能正常经营的办法，为组织结构中各个职位配备合适的人员。人事控制不仅是人事部门的职责，也是高校主管人员的职责。主管人员所从事的计划、组织、领导和控制等各项工作的职能，事事都与人员相关。人事控制是主管人员的一项决定性职能，并且是一项决定高校建设成败的职能，任何领导都要正视"人力资源开发"的挑战，如不有效地进行人员挑选、使用、考核与培训工作，整个高校就会变成一台腐朽的机器。

1. 选择设置

选择人员设计主要是对人员配备与人员选拔方法方面的设计。

人员配备工作应该与高校组织结构及计划目标工作协调一致。人员配备是一个复杂的过程，它可以作为管理人力资源的一种系统方法。高校任何计划都要由人去贯彻执行，进行人员配备必须以计划为基础：组织计划是确定人员需求量的关键，同时还应考虑任命率、年龄、健康状况等其他因素；根据高校内部和外部人才资源状况，对主管人员需要量进行分析；招聘、选拔、安置人员，同时要做好考核工作。在人员配备过程中，应充分考虑到外部环境与内部环境的影响。尽管人员配备工作主要由人事部门和各管理层的主管人员来负责，但拟订人员配备计划、决定招聘范围、制订选拔程序、确定考核方法以及规划培养开发等人事政策，还是应由人事部门在高校最高管理者直接领导下贯彻落实。

高校各类人员质量，特别是各级主管人员的质量，是任何一个组织取得成功的决定性因素之一。选择人员，特别是选择主管人员必然是整个管理过程中最关键的步骤之一，选择人员必须要遵循一定的步骤和使用系统的方法，可以从以下四方面有效地选择人员：

首先，要对各职位的要求进行客观的分析，即应明确各职位的工作内容、工作方式和需要的知识、态度和技能，要确定职务的适当范围，既不能过宽，也不能过窄。职位应包含饱和的工作量，工作应对任职者具有挑战性，使他们感到自己得到了充分任用；职务应当反映所要求的工作技能，如要求专业技术人员应具备技术性技能、人事管理的技能、概括分析的技能、谋划设计的技能以及分析与解决问题的能力等。

其次，要对各职位的重要程度进行评价。这种评价不同于对工作成绩的评价，一般使用三种方法：第一，采用"排队"比较法，来确定各职位的工资标准和地位，一般是以薪酬水平来表示职位差别的幅度；第二，根据职务要素进行评分，来评定职位等级，即先选定几个职务要素，给它们规定权数和分值，然后用数字表示每个要素，要素主要包括所要求的教育程度、经验、智力、体力、职责和工作条件，主管职务应评定的要素是所要求的技术知识、所要解决的问题和所负职责的范围大小等；第三，采用判断时距法来评定职务价值，即通过对某个职务所承担的各项任务时的分析结果，来衡量、判断时距的长度。例如，某一职位中所发生的差错很快就能暴露出来，而另一职位中的差错要很长时间才能表现出来，由此对后者工作的判断时距就比前者长，其职位价值也应比前者高。

再次，要明确各职位所需人员应具备的素质。除了应具备的技能以外，个人素质也很重要，如主管人员必须具备管理欲望和工作经验，具有沟通感情的能力，正直、诚实等。

最后，进行正确选择。在明确各职位所需人员的规格要求以后，应招聘、选拔人员，一般采取目标选拔法，即将职位工作目标与被选人的工作经历与技能、素质进行对照，按相符程度进行挑选。具体选拔时应采用口头审查和资料审阅，对智力、才能、业务、个性、熟练程度等进行测试、集体评审。

在选择人员时，应特别注意对各种不同类型的应征者进行区别判断，面谈是一种最好的方法，因为高校要选择的是一个实实在在的人，而不是一张内容丰富的履历表。对于市场探索型的人，要仔细询问辞去原工作的原因，防止受骗；对于自命不凡的人，不应录用，因为他无法学好相处之道；对于流动型的人，也不可用，因为他们只会批评，不会工作，很难稳定下来；对于权力型的人，可以录用，但要制约其权力欲望；对于"老兵型"的人，可以录用，但要激发其挑战欲望，否则他毫无冲劲；对于"牛皮型"的人，不可录用，因为他只会社交，不会干活，渴望当名人或与名人为伍；对于谄媚型的人，与权力型的人相反，即靠拍马屁达到他的目的，毫无才干，品质差，意志薄弱，对这类人要远远避开；对于那些具有灵敏性和自我达成驱策力的人，一定要录用。

2. 用人设置

管理之道在于"借力"，即主管人员应借助部属的力量，完成高校的整体目标。高层主管应借助中层主管的脑力，中层主管应借助基层主管的脑力与体力，基层主管应借助职工的体力，现场职工应借助自身的体力及可用的机械力，以完成各管理层的目标。借力的方法，一是计划，二是控制。计划泛指所有决定未来要求部属完成的目标及执行方法的思考过程，计划在于创新；控制泛指确保达成计划目标的措施，一为组织结构，二为人员督导。组织结构应表达清楚各人的职位层次，明白指出各人上下沟通的"管道"，确定员工间协调及合作的中心，否则就会失控；人员督导是指日常纠正、指导下属行为以期达到目标的活动，如果每一位下属都能自觉地依照上级指示行事，则无须督导。

管理是人力发展而非事务指导。只会做事不会管人的人，不适宜当领导。各级领导均应熟练掌握各种人事处理工作，如员工关系、客户关系、社区关系、政府关系、金融关系等，处理好内部员工关系是用好人的关键。用人之道，一是要因材施用，使每个人都适得其所；二是要培养人才，不断增进其才干。例如，设置一套有效的方法，用以测定各人的工作成果；创造良好的条件和环境，增进员工的绩效与成就；设法征召和储备最优秀的人才；教育具有潜力的人员，以期胜任今后更复杂的工作；建立一套有效的考核办法，扎实而公正地考核与评定每个人的绩效；依据成就标准，对个人予以奖励，以提高士气。各层次的管理人员十分关心领导对他们的期望，希望上级能了解自己的工作状况，必要时给予指导，并希望领导主持公正，依据他们的成就给予精神与物质的鼓励或给予升迁的机会，同时他们也受到知识问题、技术问题、信息问题、态度问题、沟通问题、人格问题等方面因素的干扰。主管人员应关心各层次人员的心态并采取措施为其排忧解难，既要与部属沟通信息，又要持虚心、诚实、谨慎的态度去提高管理技术，解决难题，如要评鉴已经获得的成果、分析当前的需要、设定高校的长短期目标、确定权责的归属、量度业务进展、评核绩效、确定成就给予报偿、更好地设计未来等。

3. 培训与开发设置

通过教学训练以培养管理人员如何管理，即为高校培训工作。组织开发是一种系统、综合、有计划地提高高校效能的方法，其目的在于解决对各级管理层次经营的不利影响问题。按照经营——管理理论的方法进行培训与开发，首要的是进行目标管理、工作充实化教育和敏感性训练，最高管理者要积极支持培训工作，培训对象要包括所有管理人员与职工，学习要建立在自愿的基础上，培训要求因岗位或个人条件而异，培训方法取决于培训要求，理论必须与实践相结合。

对任何个人的培养与训练，首先，要明确他现在的成效与行为和要求达到的成效与行为之间的差距；其次，要明确他现有的才能与下一个职务所要求才能之间的差距；最后，还应预测未来，根据变化了解技术和方法所要求达到的新才能。只有明确上述三方面的问题，才能进一步明确培训目标和培训方法。

培训的主要方法有在职培训与离职培训两类。在职培训，是指受训者一边学习一边工作，其具体方法有：有计划地提级、职务轮换、设立"副"职、临时提升、个别辅导、建立临时受训机构等；离职培训，分为在高校内部和在高校外部的训练，如进行敏感性训练、短期培训、专业证书班培训、特别培训、自修培训、视听培训及模拟培训等。

组织开发的核心是要使高校各级管理者共同努力，以解决部门或高校所面临的具体管理问题，如协调欠佳、过于分散和信息沟通不灵等问题，具体方法有实验训练、主管工作方法训练及调查反馈等。任何组织开发，其关键是人力资源开发，而人力资源得到充分发挥的关键是要创造一个使全体职工安心、敬业的组织气候，如组织机构清楚，权责明确；适当地授权，充分发挥个人积极性；赏罚分明，鼓励多于指责；相互关心，团结和睦；容忍异己，鼓励批评和建议；互相认同，把高校利害、荣辱与个人利益结合起来等。

每个高校都应该重视人事教育工作，充分发挥人事管理的职能，如健全人事组织，根据高校规模大小，设立合适的组织机构，明确其权限职责，科学开展人事行政和人事服务工作。根据高校需要制定科学的人事制度，其内容包括任用条件及手续、工资标准、工作时间、请假规定、员工福利、管理规则、考勤与考核方式以及奖惩、调动、离职、退休等一切人事规章；加强劳动工资管理，及时处理劳动力不足或过剩问题，以及定级、转正、调资等问题，对外、对内进行协调与联络等行政工作；加强教育培训工作，有计划地组织职前训练、在职训练、正式教育与补习教育等；加强人事任用工作，如按政策与规定办理招工、奖惩、升迁、调动、缺勤、考核、退休等人事手续；对于一些敏感问题，要增加透明度，并接受群众监督；此外，还要加强职工福利、协调服务等工作。人事管理工作涉及整个高校的工作效率问题，对人员管理成功，就可以提高工作效率、方法效率、设备使用效率与资金使用效率，相反则可导致高校建设失败。因此，必须注重挑选人事管理人员，严格要求人事管理人员，使所有人事管理人员都能把握国家劳动人事政策，熟悉劳动人事制度，明晰事理、善于分析判断，具有丰富的办事经验，温和谦让、办事认真，并具有较强的说服能力等。

二、高校行政领导控制

对于我国的高校、企事业单位来说，行政领导控制既包括群体领导控制，又包括个人领导控制。领导功能的发挥，既相关于领导个人的才能、风格、品质，又相关于领导体制、协调、分工。

对于领导的定义，多数人认为它是一种影响别人的力量，即影响别人，使之心甘情愿地为实现高校目标而努力的艺术或过程。技术、才智、工艺、安排等因素，只是影响生产力的部分因素，而领导是影响生产率的关键因素。具有杰出思想的、能激励别人去思考和行动的领导人是力量的主体；领导人个性对他人的影响，会产生一种行动的感染力，较无个性特征的管理系统，作用要大得多。有人认为，领导的本质就是被追随，人们倾向于追随那些能为他们提供实现愿望、要求和需要的手段的人，也因为有人愿意追随，也就有人会成为领导。有不少人难有持续的工作热情和信心，或是因为缺乏动力或缺少机会，或是受工作环境和领导平庸的影响，或是本来就缺少持久的天赋。领导的职能就是要引导或激励所有的下属或其追随者保持高昂的士气、持久的工作信心和工作热情，心甘情愿、竭尽全力地为实现目标而作出贡献。也有人把这种功能称为统御功能，即集结人们的能力与意愿的功能。这种统御的才能，不是凭借职权、机构赋予的权力或外在形势，是指激励并指导他人的才能，唯有通过这种才能有效地把个人目标和目标协调起来，才能发挥领导的作用。

（一）领导控制设置

任何领导行为都要合情合理，以适应员工心理及情绪上的需要，奖励应多于惩罚，引导应多于禁止，更不能强调"乱世用重典"；任何领导行为事前均应做周密的计划，一切问题都在所思所想之中，使员工找不到推诿的借口，工作优劣即可评定，工作动态在掌握之中；任何领导行为都要体现出领导者公正无私、平等待人的品质，不能以有权、有技术自恃。领导者的成效主要取决于个人品质、领导方法及对环境适应三方面的因素。

对于领导者和非领导者在个人品质上的区别，有很多不同的观点，但一般均认为领导者具有完成任务，取得成就的强烈愿望和责任心；有追求目标的干劲和韧性，有解决问题的智力、才能、创造性和冒险精神，有开拓精神和自信心；有勇于决断和敢于负责的精神，善于处理和调解人与人之间的紧张关系，能忍受挫折和失败；有影响他人行为的能力和社交能力，能尊重、关心和信任他人等。领导者的个人品质，有的能适应所有的环境，有的则只能适应有限的环境。根据我国地方高校领导者所处地位及应发挥的作用，其应当具备如下素质：讲究社会效益，承担应有的社会责任，具有坚定的政治方向；具有创新意识，与商品激烈竞争的需要相适应；有清醒的战略头脑和超前意识，既要有战略目标又要有战略步骤，把当前与长远利益、现实与长久利益结合起来；果断决策，敢冒风险；有很强的竞争意识；有文明精神，创新、求实、奋进，可以将地方高校精神转化为物质财富，充分调动职工积极拼搏与奋进的积极性；具有出色的组织才能，善于指挥，敢于授权，培养与造就优秀人才；具有广泛的知识和爱好，形成知识优化组合的领导群体，同时进行智力开发和感情投资；有无私奉献的精神，"先天下之忧而忧，后天下之乐而乐"；密切联系群众。

从领导风格上讲，可以分为"以人为中心"型的领导方式和"以任务为中心"型的领导方式两种。领导者主要关心良好的人际关系和个人的声望，把主要精力放在下属身上，注重研究他们的感情和他们之间关系的好坏，即是"以人为中心"的领导方式。这种领导风格的实质就是尊重下属人员，是民主的、宽容的、关心下属人员的、平易近人的、体贴人的。这种领导方式能增加员工的满意程度，也有利于加强群体团结，但对生产率的影响并不总是成正比的。

领导者主要关心任务，把主要精力集中在所要完成的任务上，关心工作进程和完成工作的手段，即是"以任务为中心"的领导方式。这种领导风格的实质就是对生产任务的关心压倒一切，而对下属漠不关心，是独断专行的、爱限制人的、关注任务的、很少社交的、命令型的、以任务为职能结构的。这种领导方式通常和生产率构成正比的关系，倾向于降低职工满意和团结程度。根据现代管理和适应环境的需要，应采取两种风格结合式的领导方式——权变式的领导术。

要想获得成功的领导，领导者必须有修养，在某种意义上说，领导者待人处事的修养比知识本身更重要，它能极大地改善领导者和被领导者之间的人际关系。领导者必须通晓形成有效领导的各种因素、随机应变的各种方式、有关激励和领导理论的基本内容，必须善于将知识应用于实践；领导者应将自己置于他人的地位上，设身处地地体会他人的感情、好恶和价值观念等；领导者应力求做到处事客观，不带任何感情地观察和追溯事件发生的起因，以超脱的态度进行评价，先分析后行动，避免仓促判断，尽量克制情感，以防处事不公；领导者要有自知之明，即要意识到自己为什么会有某些行为，为什么有些行为不引起别人的反应，有些行为则会引起别人的反应，甚至引起敌意。有效领导虽说取决于领导者的个人品质、风格、方法等，但注意领导者群体组合、优化领导班子更是实施领导控制的重要方面，它不仅是实行参与管理、民主管理的需要，也是我国完善各种经济责任制的需要。根据《中共中央关于经济体制改革的决定》，我国地方高校领导班子由原来的"一正多副"向"一长三师"转化，即在地方高校领导班子中配备总工程师、总经济师、总会计师，这样有利于改善地方高校领导班子结构，提高群体素质、优化整体功能，有利于理顺地方高校行政领导班子的工作关系，实现领导分工的科学化。

作为整体领导职能来说，每个领导者都是优秀的，其群体组合又是合理的，则领导集团的能力应大于每个成员能力之和，因为在个体能力之外还应加上"集体力"。对于任何高校的领导班子而言，注意个体的选择是为了发挥每个个体的特长，注意群体的组合是为了发挥群体的力量。为适应现代化、社会化大生产的需要，地方高校领导班子群体必须围绕共同的经营目标结成彼此协调、长短互补、团结努力的集体。实现地方高校领导班子群体的最佳组合，必须遵循目标原则、效率原则、能级原则、取长原则与协调原则等，还必须做到老、中、青结合，技术与管理结合，知识的广度与深度相结合，将才与帅才相结合等。

（二）授权控制设置

所谓授权，即由权力者或上级主管将一定的事权与责任授予下属，使下属在自己监督下能够自主行动、处理。授权者对被授权者依旧有监督、与指挥的权力，被授权者对授权者负有报告与完成的责任。

授权不同于代理，代理是依法代替某一人对其任务予以执行，授权是依旧负责对其法定权力进行行使。授权也不同于助理，助理是经由他人负责、帮助以成事，受助者依旧要承担自己应承担的责任，而助人者不用承担任何责任；授权则有所不同，被授权者应当承担部分责任。授权不同于分工，分工是彼此之间不存在隶属关系，各负其责，授权是上下之间依然有着报告、监督的关系。实际上，授权仅仅是向部属授予决策权，而非对决策责任进行分散，正相反，是向上集中责任、下移权力。授权留责、授权不授责，更不可不授权而只授责，如若不然，将造成主管或是揽功自居，或是推脱责任。

授权控制主要有如下功能：第一，从繁杂的事务中将主管解脱出来，使其不再背负过重的工作负担，从而便于对重大问题的思考与解决；第二，对人事行政进行改进，让下属具有更强的责任心，使他们保持更高涨的情绪，实现工作效率的提升；第三，对下属的专长进行发挥，对主管的缺点予以弥补；第四，在管理实践中对干部进行培养，让下属的技能、经验与学识都得以增进，从而助力人才储备。

以正式或非正式的方式授予给下属用钱的权力；以明文或非明文的方式授予给下属增人与选用的权力；以工作说明书的方式授予下属进行例行工作的权力，而不必事事请示或被批准。授权的时间应根据具体情况而定。如果一个高校在遇到高级人员空缺，在职人员力不从心，有人兼任多个要职，机关工作决定权限于极少数人手中，工作人员缺乏主动积极性等情况时，均要进行必要的授权。如果高校主管人员感觉到计划及研究时间紧迫，办公时间总是对例外公事进行处理，总是被下属的请示打搅，也需要进行必要的授权。

授权应当有一定依据，那便是被授权者的知识水平高低与能力强弱。在授权前，管理者应当进行充分的准备与研究，尽可能向最合适的人员授予事权与责任。不能越级授权，要依照明确的隶属关系进行；要明确授予权责，对其范围、目标予以具体规定，防止出现授权过度或不足的问题，同时要对检查与考核成效办法进行规定，建立报告制度；授权要量力而行，从下属能力的高低出发，不能硬性授权、机械授权；校长要对权责予以保留，要认识到过度授权意味着将权力放弃，应当保留部分权责；被授权者和授权者之间需要彼此信赖，对下属的单独决定，主管不应进行干涉，下属也应当将权责范围内的工作尽可能办好，既不要越权行事，也不要事事请示；要做到适时授权，遵照一定原则授权，当然也不应一成不变，应当从地方高校业务所处的实际情况出发作出决定。

授权不仅是科学也是艺术，要注意授权技巧，如集中精神处理管理责任、依工作性质分派各人员执行、使下属有自由裁量权而仍能控制自如、使用正式任务命令书方式等。

(三) 激励机制设置

创造和保持一种有利环境，促使人们发挥作用，帮助高校或部门将自己的组织目标、任务完成，是高校管理人员的首要任务。每个组织都要有一定的激励机制，从而激励人们努力工作。活动是人们一切行为的基本要素，无论是智力活动还是体力活动都是如此。

同时，人的所有活动都是有动机、有目的的。所谓动机，是一种能够提供动力、活力或精神力，能够引导或指导行为达到目的的心理状态。所谓激励，就是能够被用于祝愿、需要、期望、动力以及其他类似力量的整个类别。

上级对下级进行奖励，实际上就是他们在对下级进行诱导、期望和督促，使之行为符合自己的希望。实际上，激励过程是一个连锁反应，第一步是感觉到有"需要"，继而产生要达到的目标或"要求"，第二步是造成紧张感，也就是产生未满足的"欲望"，继而引起行动以达到目标，第三步就是要求得到了满足。

激励因素就是能促使一个人作出成绩来的事物，主要包括精神激励和物质激励，如头衔、高薪等。

激励因素能够对个人行为产生影响，特别是强烈影响一个人做事情的取舍。人们的需要分为职务内容因素和维持因素。维持因素不起激励作用，然而其是不可或缺的，如个人生活、高校政策、职业安定、行政管理、地位、工作条件、薪资、人际关系等；职务内容因素，它是真正的激励因素，如成就、赞许、晋升、工作富有挑战性和在工作中成长等。

有关激励的理论有奖惩理论、期望理论、需要即激励理论等。奖惩理论主要是指运用奖、惩两种办法来诱导人们按所要求的行动，虽然是一种传统的手法，但至今仍旧有效。

期望理论有着如下内容：人们受到激励去做某些事情，从而对某些目标进行实现——只要这些行动是有助于他们期望达到的目标范围之内。需要即激励理论表明，人有着三类具有激励作用的基本需要，成就需要、归属需要和权力需要。

根据这些需要，激励主管人员的重要因素有：工作的挑战性、地位、取得领导身份的强烈愿望、竞争的鞭策、恐惧与物质等。根据现代管理的需要，激励的方法与手段主要有合理的报酬、正强化、职工参与管理、工作内容的丰富化等。报酬无论在什么时候都是一种有效的激励手段，根据人们的工作成就给予合理的报酬，有利于调动人们的积极性。

"行为改进"的方法或正强化方法认为，对人们的工作环境进行适当设计，并表扬其完成的工作成就，就能对他们进行激励；惩罚不良的工作表现，则会有着相反效果。该方法的重点在于，对不利于取得工作成绩的障碍进行排除，认真细致地从事组织工作、计划工作，运用反馈实施控制，实现信息沟通范围的扩大。

由于鲜有人不会被参与商讨与自己有关的行动所激励，所以职工参与管理是一种成功的激励方法。在工作中的大部分人不仅清楚知道问题出在哪里，还懂得如何对其进行解决，毫无疑问，这能够产生激励作用，同时也能将有价值的知识提供给地方高校，促进其成功。参与管理适应于许多基本的激励因素，是一种给予人们赏识和重视的手段，能满足人们受人赏识和归属的需要，特别是能让人们感到一种成就感。

当然，鼓励职工参与管理，不是说主管人员放弃自己的职责，其鼓励职工参与管理并对下属的意见认真聆听，然而当需要他们进行决策的时候，也必须亲力亲为进行决策，要知道，下级不会对上级的职权进行干预，也不会尊敬优柔寡断的上级。

使工作内容丰富化，同样是一种有效的激励手段，它强调工作具有挑战性和富有意义，消除重复操作的乏味感，其主要做法包括在职务中体现更高的成就感、重要性和挑战性。例如，在工作速度、工作顺序、工作方法方面，将更多的自由给予教师；对下级进行孤立，使之参与教职工之间的交往和管理；让教职工对自己的工作产生个人责任感；将工作完成情况反馈给下级，使之能够看到自己的贡献；让教职工参加改变、分析工作的物质环境等。

国内外的很多管理专家认为，人们的工作不仅有对报酬进行获取的需要，也有从工作中得到安全感、成就感的需要。上级主要应采用如下激励手法：以劝说、奖励为主，不要发号施令；不要事事都做指示，让下级自己做决定；适当授权；为下级设立明确的奋斗目标，而不要事事指教；关心下级，倾听下级意见；信守诺言，并采取行动；分配给下级的工作要有连贯，不要经常中途变卦；注意事前检视，防患于未然；设立简单的规范让下级遵守，下级即便有错也要心平气和地批评；要计划未来，以激励下级努力；要有信任感，避免轻率下判断；适当地奖励下级；让下级和睦相处，但不能拉帮结伙。值得提出的是，领导者在进行奖励与惩罚时一定要公正，绝不能搞平均奖、轮流奖、倒挂奖、人情奖、固定奖、花样奖、红包奖等，以防止出现懒惰心理、退缩心理、多占心理、赌气心理、对立心理、懈怠心理、投机心理、离心心理等消极因素。

（四）信息沟通机制设置

信息沟通是传达、了解组织中构成人员之间消息和观念过程。它是完成机关使命及达成任务的一种必要手段，可以促进共同了解，增强集体力量。

信息沟通旨在让人员之间更加团结，将整体的合作力量更好地发挥出来，实现业务处理方法的改进和组织工作效率的提升；了解彼此之间的需要，减少不必要的浪费，避免发生意外事件；有效达成组织的使命。信息沟通对发挥地方高校内部各职能部门的作用至关重要：拟定并传达地方高校的目标；制订实现目标的计划；以最有效能和效率的方式组织人力和其他资源；选拔、培养和审评人员；领导、指导和激励职工，并创造一种使他们愿意作出贡献的环境；控制工作进程。信息沟通除了语言、文字、地位及物理上的障碍和困难外，还有缺少沟通计划，未加澄清的假设，语意曲解，信息表达不佳，信息传递的损失和遗忘，听而不闻和判断草率，猜疑、威胁和恐惧，缺乏适时性等问题。

信息沟通主要有两大类：正式沟通和非正式沟通。所谓"正式沟通"，是配合正式组织而产生的，从信息流通的方向角度看，其分为三类沟通形式，分别是平行沟通、下行沟通和上行沟通。

上行沟通，即信息沟通是由下而上的，下级人员通过建议或报告等方式，将自己的意见反映给上级。上行沟通有利于教职员工对管理进行参与，他们愿意接受上级的命令，能够满足自身自重感，从而更有责任心地办事，除此之外，也有助于上级正确作出决定；从下级反映的情况中可以了解下级的工作是否按上级意愿执行，有利于鼓励下级发表有价值的意见；能接受下级直接批评，并满足下级的基本需要；符合民主精神。

下行沟通，即沟通方式是由上而下的，是由管理阶层传到执行阶层的信息沟通。下行沟通对于组织达成执行目标而言是大有裨益的，使各阶层员工对其工作能够满意与改进；增强员工的合作意识；使员工了解、赞同并支持组织所处的地位；有助于组织的决策和控制；可以减少曲解或误传的消息；减少员工对工作本身的疑虑及恐惧等。

平行沟通，即平行阶层之间的沟通，具体而言，是信息横向流动于有着相似或相同组织级别的人员之间，如基层管理人员之间的沟通、中层管理人员之间的沟通、高层管理人员之间的沟通等。平行沟通有利于弥补上、下行沟通的不足，给员工了解其他高校情况的机会，培养员工间的友谊等。

非正式沟通又称"非组织的沟通"，其不仅对员工的需求予以满足，也对正式沟通系统的不足予以弥补。非正式沟通产生于人员间的社会交往行为；主要来自工作专长及爱好闲谈的习惯，无规则可循；产生于无意之间，没有地点、时间、内容的限定。它之所以起到正式沟通起不到的作用，是因为它传递快，有很高的选择与针对性，能迅速反馈并作出评价等。非正式的个人信息沟通有单线式传递、流言式传递、偶然式传递、集束式传递等方式。按信息沟通的方式划分，还有书面形式的沟通、口头形式的沟通和电子形式的沟通等。组织机构作为信息沟通的手段，社会系统作为信息沟通的网络。

信息沟通的要素主要包括以下五个：

第一，是发送者，即做有意识、有目的的信息发送者，如发言人、建议及发令人等。

第二，是沟通的程序，即意见传递应有一定的媒介与路线。

第三，是沟通的程式，如备忘录、手册、命令、公函、规则、报告、通知等。

第四，是沟通的接受者，指接收消息、命令、报告及任何沟通程式的人。

第五，是所期待的反应与结果。

在实行下行沟通时，上级必须了解下级人员的工作情形、欲望及个人问题，领导者必须有主动的沟通态度，组织中必须有完整的沟通计划，领导者必须获得员工的信任等。在实行上行沟通时，上级必须以平等地位对待下级，经常与员工举行工作座谈会，建立建议制度、公平而合理的制度等。在实行平行沟通时，其关键在于管理是否能适当地授权，沟通方法是电话、汇报、会签、业务了解与共同信念等。从理论上讲，沟通是协调的一种方法与手段，其目的是使各高校间职员能以分工合作的、协同一致整齐的步伐达成共同的使命。沟通是在谋求思想认识上的一致，而协调是在谋求行动上的一致。

要做好信息沟通和协调工作，各高校应采取有效的措施：建立会签制度；制定工作流程图网，促进自动联系；设置参谋人员，专门负责协调联系；运用会议方式，促进意见交流；简化公文报表；利用报刊报道高校情况；利用计算机处理，及时获得正确信息；设置意见箱；进行个别访问谈话，了解教职员工的需求；利用训练方法提高联系水平等。

地方高校是一个经济综合体，有物、财、人等多种构成因素，由多个子系统组成。不管是各个子系统的内部管理，还是它们之间的联系，都需要借助信息展开交流与沟通，从而实现能量和物质的合理流通。例如，行政组织系统需要进行组织与组织、人与人之间的信息沟通；思想工作系统，更离不开思想信息的收集、处理与反馈，以激励教职员工的奋发精神。

第四章 高校财务风险及预警研究

本章的主题为高校财务风险及预警,主要包括以下几个方面,分别为高校财务风险概述、高校财务风险预警系统构建和高校财务风险防范机制研究三部分内容。

第一节　高校财务风险概述

一、财务风险概述

（一）财务风险的定义

风险，即不确定性，是财务管理中的重要概念。风险的不确定性可以带来超出预期的损失和超出预期的收益两种可能。但是一般来说，我们所讲的"风险"主要指损失与失败的可能性，是不好的事情，而不把收益的可能性也算作风险。本书中使用的风险概念都是指负面风险，即与损失相关的风险。

财务风险是企业风险之一，是现代企业所面临的一个重要问题。财务风险定义有狭义和广义两种。狭义的财务风险定义与传统的财务理论研究和传统的经济环境基本相适应，认为财务风险是不能确定企业是否拥有用货币资金偿还到期债务的能力。而在市场经济快速发展的社会中，企业的财务活动日趋复杂，除了与正常的"采购——生产——销售"的实物运动相伴而行的"资金——成本——收入——利润——资金"资金循环运行轨迹外，还经常发生如期货买卖等脱离企业自身的实物运动而独立完成的活动过程，有时甚至无实物过程的依据。随着市场经济的发展，这些过程成为企业经营活动的重要组成部分，企业资金的筹集、分配运用及调度、补偿、积累等都日趋复杂，财务风险也随之增加，广义财务风险的定义正是适应这种形势而产生的。资金运动在企业生产经营过程中所产生的风险，就是财务风险中的广义层次上的内容，其中包括了由于管理不当导致企业在筹资、投资和资金使用等活动中丧失偿债能力的可能性，也就是说企业的财务收益因为企业在财务活动中产生的各种不确定因素的影响而与预期发生偏离，增大了企业蒙受损失的风险。

（二）财务风险的分类

经营主体和理财项目的不同，导致了财务风险在不同的理财阶段，面对不同的理财环境产生了不同的分类方式。

1. 按资金运动过程分类

根据资金运动过程的内涵，财务风险可以分为筹资风险、投资风险和资金回收风险。筹资风险就是与筹资活动相联系的财务风险，它既包括负债及自有资金等方面，也包括由于筹资技术欠佳或资金分配、运用、回收、发放不合理等原因所导致的筹资风险；所谓投资风险，就是企业因投资项目的实际收益和预期收益发生偏离，而对投资者造成不利或损失的可能性，它主要分为收益风险、投资额风险、购买力风险、变现风险；所谓资金回收风险，就是指企业将成品资金转化为结算资金，进而转化为货币资金时，会在时间和数额上产生不确定性；收益分配风险是指，企业因收益分配给日后生产经营活动带来的负面影响，它主要表现为收益确认风险以及对分配收益形式、数额及时机掌握不当所带来的风险。

2. 按产生原因的不同分类

根据产生原因上的差异，财务风险可划分为制度性财务风险、固有财务风险和操作性财务风险。制度是人们预先作出的、用以指导和约束个人行为的、确定性规范，因为它具有较长的影响期和比较稳定的特点，由此它一旦与客观环境不适应，便会给企业财务活动带来负面影响。

其中，制度性财务风险，包括外部制度风险和内部制度风险两类。固有财务风险由自身固有风险与财务管理依据信息的固有风险两方面构成。财务管理的许多理论都是建立在假设基础上的，因此理论本身就存在一定的风险。另外，财务管理主要依赖于会计信息，而会计信息本身也存在风险。操作性财务风险就是财务管理人员在财务管理过程中，因操作不当或者财务方法选择不当导致的企业财务风险。

3. 按风险层次分类

根据企业财务风险的层次不同，可将财务风险划分为战略财务风险、整体财务风险以及部门财务风险。所谓战略财务风险，就是影响企业竞争战略与长期经营的综合财务风险，一般通过市场来体现；整体财务风险是指企业所面临的在未来一段时间内会影响企业整体发展的财务风险，如汇率风险和利率风险等；部门财务风险是指企业各下属部门所面临的财务风险,这些风险在特定部门内比较突出,而对其他部门影响较小。

4. 按所对应的不同期间分类

考虑到财务风险相应时期的差异,可分为日常财务风险与特殊财务风险。日常财务风险就是企业日常生产和经营过程中经常会涉及的财务风险,主要有筹资风险、投资风险和利润分配风险;所谓特殊财务风险是指企业只在从事重大活动时才有可能参与其中的财务风险,如破产和清算风险、跨国经营中的财务风险以及并购风险等。

5. 按风险大小分类

较小财务风险、一般财务风险以及重大财务风险构成了企业财务风险按照风险的大小划分的各个类型。较小的财务风险后果并不明显,也不会给企业的生产经营活动带来强烈影响;一般财务风险虽后果明显,但不至于构成致命性威胁;重大财务风险往往会导致企业的重大损失,甚至使企业生产经营停滞或遭受破产。

(三)财务风险的特点

1. 客观性和必然性

财务风险是市场经济中企业资金运动到一定阶段的必然结果,它是价值规律客观存在的结果,它不以人的意志为转移,只有市场经营主体才能在一定范围内对其加以控制。外部环境的变化、市场的调整、企业战略的转换、竞争对手的战略转换或新替代品的出现等因素都可能会引发财务风险,因此,企业对于财务风险无法完全规避,只能通过一定措施将其控制到一定的范围内,或降低其发生的概率,但不可能完全避免,即财务风险不可能降低至零。

2. 相关性

财务风险水平与风险报酬的高低有关,一般来说,风险与报酬存在正向关系。对企业而言,财务风险高的经营活动,报酬率也比较高,财务风险低的报酬率也小。因此,企业若想获得超额收益就必须承担相应的风险。不过企业应当注意,要使其风险的承受程度和自身的抵御能力相匹配,盲目地追求高风险、高收益也是不恰当的。

3. 偶然性

财务风险的偶然性是指财务风险是可变的,而企业财务状况的不确定性是指在一定时期内、一定条件下,风险有可能发生,也有可能不发生。财务风险的偶然性还表现为,企业财务风险的发生往往是突然的。也就是说,企业所处外部环境的不确定,使不同风险发生的可能性也不断变化,无法在事前准确判断某一种风险一定发生或不发生。同时,财务风险对企业造成的影响也具有偶然性,影响范围、影响时间、影响深度等均不确定。尽管财务风险具有偶然性,企业仍要采取措施预防重大风险的发生。

4. 复杂性

财务风险的复杂性是指财务风险不是一成不变的,它相对于不同的经营主体及各主体抗衡风险能力的具体条件而变化,即财务风险不是一个常数,而是一个变数。另外,引起财务风险的既有直接因素,也有间接因素;既有外部因素,也有企业内部因素,这些因素有的可以提前预测,有的则无法预测。

5. 激励性

财务风险是客观存在的,企业必须制定相应的措施来规避或控制财务风险。因此,企业只有不断完善管理,尤其是建立内部控制制度,才能规避或控制财务风险。所以说财务风险具有激励性,即可以促使企业完善内部管理,使内部控制度更加合理化、规范化和科学化,进而提高企业的竞争力。

(四)财务风险的形成因素

1. 外部因素

影响财务风险的外部因素主要有以下四项:

①政治因素:指影响企业风险中所有与政治有关的部分,如国家政策的调整、外交关系的变化、征收风险等。随着世界经济一体化进程的加快,企业在全球范围的采购和销售日趋普遍,政治风险也逐渐成为一个重要的议题。

②经济因素:指构成企业生存和发展的社会经济状况和国家经济政策,包括经济周期、经济体制、经济发展水平、通货膨胀等因素。

③竞争因素：指竞争给企业带来风险的可能性。竞争会导致参与竞争者实际实现的利益与其预期利益目标发生背离。

④自然灾害因素：指对企业产生巨大影响的自然现象，如地震、洪水等。

2. 内部因素

财务风险的影响因素不仅包含外部因素，还包含了企业自身的问题。

①与筹资活动相关的财务风险：指由于筹集资金而给企业财务结果带来的不确定性。企业筹资风险的大小主要由以下因素决定：负债规模、利息率水平、负债的期限和结构。

②与投资活动相关的财务风险：指由于企业投资后，所投资项目不能产生收益或实际产生收益低于预期效益，从而引起的风险。投资风险主要由投资盲目程度和投资回收期决定。

③与运营活动相关的财务风险：指企业供产销活动过程中产生的风险，包括采购风险、生产风险、销售风险等。

二、高校财务风险概述

（一）高校财务风险的定义

财务风险是企业财务管理中的基本概念，而对高校财务风险的定义，目前国内主要从狭义和广义两个视角来看。

狭义财务风险俗称举债筹资风险，指因举债对高校财务状况造成的不确定性。自高校财务风险问题引起人们的普遍关注以来，很多学者及高校管理人员把高校财务风险同负债风险等同起来，并认为高校财务风险与其负债数额及高校偿债能力有着密切的关系。狭义的高校财务风险定义产生在特定的历史背景下，也切实反映了扩招、评估压力下国内众多普通高校的财务风险来源，但是该定义的局限性也是不言自明的。负债风险是当前高校的显著风险，但却不能代表高校财务风险的全部，高校在运营过程中的其他问题同样会导致财务风险，如果仅仅将高校财务风险简单地理解为负债风险，那势必不利于对高校财务风险的全面控制和管理。

财务风险从广义上讲是高校经营过程中因委托代理关系、财务治理以及其他内外部环境因素影响而形成的财务状况不确定性，由此给高校带来了损失，导致高校无法完全承担社会职能、提供公共产品，甚至危及高校的生存，这就是风险货币化的体现。与狭义高校财务风险相比较，广义财务风险则是从更为广泛的角度来定义高校财务风险产生的原因，从而拓宽人们对于高校财务风险的理解，有助于强化对于高校财务风险综合控制与管理。也有观点认为，在定义高校财务风险时，应将高校财务风险界定为可能给高校带来损失或收益的不确定性。本书基于前面对财务风险的分析，认为沿用负面的风险概念是合理的，而不考虑财务风险带来的机会。

（二）高校财务风险的组成

高校作为非营利机构，与企业这样的营利机构不同，高校的财务风险从总体上看主要表现在以下两个方面：

1. 筹资风险

当今高校筹集资金的渠道越来越丰富，包括财政拨款、学费收入以及国内外资助和金融机构贷款等多种方式。在高校所有流入经费中，政府预算支出项目的财政拨款是来源最稳定、最可靠的经费，风险通常可以忽略。国内和国外的资助资金由于在所有资金中所占有的比例很小，所以这部分资金所面临的财务风险同样可以简化。学费收入风险指学生欠费给高校造成经济损失的概率，这一风险的规避主要靠加强对学生收费的管理。

总之，高校的筹资风险集中体现在金融机构贷款的风险上。高校的金融机构贷款风险出现的主要原因是，高校在从银行和其他金融机构获得贷款之后，没有对贷款结构进行合理规划，对贷款使用不规范或者贷款管理不到位，最终导致了高校经济损失的概率增加。高校贷款风险产生的原因包括国家政策变动、利率波动、高校资金管理混乱、资本结构不尽合理、长短期债务不平衡、高校支付能力欠缺等。当前，从银行和其他金融机构发放贷款是解决高校资金短缺问题的主要手段，但由于高校发放贷款的规模不断扩大，长期贷款所占比例也在逐渐提高，高校融资成本随之增加，大量贷款使得其面临严重财务风险。

2.投资风险

在市场经济中,高校的活动也会像企业那样受到市场经济规律的制约。但高校又有与企业不同的地方,企业的投入以谋求较高回报与利润为目标,高校则属于非营利性组织,投入的资金主要用于满足社会不断增长的教学与科研需求,其投资风险表现为基建项目的投资风险、校办产业的连带风险等。高校基建项目投资投向是否合理,直接关系到高校的办学水平和办学质量。如果高校不清楚自己的定位,没有科学地论证自己投资的基建项目,就会造成盲目投资或者重复建设,如果工程建成之后,无法达到预期的经济与社会效益,高校面临的还贷压力是非常大的。

校办产业连带风险是指高校校办产业经营而使高校产生连带经济责任的可能性。高校的校办产业是为了实现高校科技成果转化而成立的,虽然现在大多校办产业已经进行了公司制改造,但高校仍然与校办产业有千丝万缕的联系,一旦校办产业由于经营不善导致经济损失,高校很可能要承担连带责任。

（三）高校财务风险的特殊性

由于高校与一般企业在各个方面的差异（表4-1-1）,高校的财务风险也体现出其不同于企业财务风险的特殊性。

表 4-1-1 高校财务活动与企业财务活动比较表

	企业财务活动	高校财务活动
财务活动环境	处于买方市场,所有财务风险都可以通过企业财务指标衡量	处于卖方市场,部分财务风险,如营运质量下降引起的财务风险无法通过财务指标体现
财务活动目的	追求利润最大化	不以营利为目的
财务筹资独立性	大多数企业对政府的依赖性较小	对政府依赖性高,政策性强

续表

	企业财务活动	高校财务活动
财务支出补偿性	成本、费用直接从相配比的营业收入中获得补偿	除经营性支出外,其他各项支出都不存在从对应渠道获得补偿的可能性
财务周转能力	资金再生能力强	缺乏资金再生能力
财务风险评价重点	从盈利能力、偿债能力、资产管理能力、资产发展能力四个方面评价,其中盈利能力是重点	不以营利能力为评价重点,绝大多数高校财务风险的评价以偿债能力为主

审视企业财务风险,通常需要依据企业资金流转环节,从筹资风险、投资风险和利润分配风险三个层面展开。虽然从总体上看来高校与企业在资金流转环节上具有很强的相似性,但从资金流转目的上来看却存在本质的不同,企业资金流转主要就是为了盈利,而高校却主要从事的都是非盈利性质的活动,主要就是为了满足社会需求。所以,高校在经营中所发生的资金耗费不能像企业一样通过出售商品或者提供服务来获得价值补偿和盈利。尽管高校除了财政拨款之外,还能依法获得国家政策规定下的部分收益,但现阶段这一部分收益占我国高校总收入的比重还比较小,不足以抵补支出耗费,只能靠国家财政拨款来保障高校各项业务活动的顺利进行。显然,从资金流转层面看,高校财务风险管理具有特殊性,这种特殊性表现为:资金筹集层面政策性强、支出层面补偿性不强、产品层面无营利性、周转层面再生性不强等。与此同时,高校财务管理中资金收支活动通道多样、校办产业类型多样以及财务管理政策性较强等复杂因素也可能引发高校特殊财务风险。

第二节 高校财务风险预警系统构建

一、建立高校财务风险预警系统的目的与原则

（一）建立预警系统的目的

高校财务风险预警是指，高校的相应职能管理部门以学校的信息化平台和手段为基础，以高校的财务报表、预算指标、财务资料以及收集到的其他相关资料为依据，依靠学校的组织体系，通过采用各种方法和工具，分析学校财务的运行情况和理财环境，对学校营运中潜在的财务风险进行预测和监控，一旦发现财务风险的早期征兆，及时发出警示，确保学校准确地采取相应措施化解风险或将风险损失降到最小。

本书试图探索建立基于现金流量的高校财务风险预警系统，其基本特征是以高校现金流量运行状况为核心关注点，以求更为有效地预测、控制和管理高校的财务风险。具体来说，就是要在高校现有的财务管理和会计核算基础上，围绕现金流量这个核心关注点，通过设置科学、量化的敏感性指标和设定指标的标准（阈值），揭示高校办学资金使用的合理程度及财务状况，并结合财务风险特征事件的出现与否，能够及时预警预报出高校财务运行中潜在的风险，使各级领导的宏观决策有了客观的事实基础，从而使高校的财务风险得到避免或防范。

（二）建立预警系统的作用

风险不可能也不应当回避。高校财务管理面临的挑战是在承担合理、适度风险的同时，规避高校财务上的风险以及规避风险给高校生存带来的威胁。建设高校财务风险预警系统，实时地了解并掌握学校财务状况，是规避高校财务风险的一种重要管理手段。财务风险预警系统应根据高校财务报表和财务预算等有关财务资料，运用会计和金融等手段，采用比例分析、数学模型对高校财务管理风险进行识别与预测，给管理者以警醒。

高校财务风险预警系统具有以下功能：

1. 风险识别功能

当高校财务风险控制目标被确定时，高校财务风险发生的概率和频率的规律就可以从高校财务活动和日常管理活动中去寻找，各种相对应的财务风险就能够通过财务风险预警系统进行有效识别。

2. 风险评估功能

宏观政策和市场竞争状况是高校发展的根据，财务风险预警模型通过高校财务风险预警系统将高校自身的各类财务和运营状况信息汇聚起来，分析和比较各种财务风险，并把高校运营实际状况与预定目标、规划、标准相比较，给出评估意见，区分风险等级。

3. 风险预警功能

以风险评估为基础，针对财务管理活动中存在偏差、可能危及高校财务状况的关键因素，可使财务风险预警系统提前预警可能存在的问题与风险，提醒管理者要提前做好准备或者采取应对措施，以免可能发生的风险发展为实际发生的危险，达到防患于未然之目的。

4. 风险报告功能

财务风险预警系统在高校财务可能出现危机时能够及时找到造成财务状况每况愈下的根本原因，并且通过建立良好的信息反馈机制，快速向高校管理者进行汇报，让高校管理者明确问题症结，有针对性、有成效地采取措施，避免潜在的风险演变成现实的损失，或阻止财务状况的进一步恶化，避免财务危机的发生。

5. 风险控制功能

财务风险预警系统采用目标控制与程序控制相结合的方法，明确告诉管理者应该朝着哪一个方向去努力才能有效解决问题，并采用功效系数法，把控制对象对目标控制的偏差限制在最小范围内，减小控制实施过程中的遗漏，并通过严格管控降低管控随意性和提高财务风险管控效率。

（三）建立预警系统的基本原则

1. 科学性原则

财务风险预警的方法和指标设计必须科学。财务预警指标应能准确把握高校整体财务运行规律，掌握各组相关财务数据的内在联系，有效揭示高校各项运营活动的潜在风险。

2. 系统性原则

财务危机预警系统是把高校看作一个整体，财务风险预警既需要指标的先进性，又需要对象的完整性与全面性，对于每一类风险中的各要素进行了充分考虑，使指标不会重复和漏报，从而使指标体系能完整和真实地反映出整个风险情况。

3. 预测性原则

系统对于风险的监控，应具有分析营运趋势及预测未来的功能。财务风险预警系统的重点是，根据大学各种运营活动的历史数据资料对大学未来可能出现的状况进行分析与预测，而非仅对大学以往的运营绩效以及受托管理责任的履行状况进行考核与评估。因此，在高校财务风险预警指标的设计过程中，一定要重视财务风险预警系统和财务评价系统之间的差异，通过监控潜在风险来协助高校进行有效预防。

4. 灵敏性原则

预警系统所选择的指标要能够灵敏地反映高校财务风险状况的主要方面，风险因素一旦萌生，相关指标值就能够迅速反映出来，这是高校财务风险预警的根本目的，而能够将高校财务运行状况的波动和异常情况快速地反映出来，就是财务风险预警应当具备的基本功能。

5. 动态性原则

高校陷入财务危机是一个渐进的过程，一般是从财务正常到财务产生危机。所以，对于高校财务风险进行预警，一定要把高校的营运活动看成是动态过程，根据以往的营运情况进行分析，并对未来发展趋势进行预测。在预警时间跨度方面，预警时间越长，管理者就有更多的反应空间和选择。动态性原则也要求财务风险预警系统必须随着社会、市场和高校的现实变化与发展，对预警内容进行不断的修正与补充，以保证预警系统的先进性。

6. 现行会计核算体系为基础的原则

现行会计核算体系是财务风险预警系统的运行基础，其依据是高校的财务报表、财务预算及其他相关的财务资料。这样就能够较客观、容易地取得综合反映高校的偿债能力、营运能力、现金流量、发展能力等方面可信的相关数据。会计核算信息是相对可靠的定量分析数据来源。

7. 直观实用原则

预警就像是预报，它能够在高校发生营运及财务情况恶化的时候及时向人们发出警示。直观实用原则对高校财务风险预警系统有着更为严格的要求，需要更为直观地将高校各项营运活动中的潜在风险反映出来，使财务风险预警系统的使用者能够更加清晰地理解和把握财务风险。

8. 定性和定量相结合的原则

高校财务风险预警系统不能只注重定量分析，还应结合必要的定性分析才能提高预警系统的实效性。定量分析建立在统计规律的基础上，对于特定方法都有统一的模式和统一的指标阈值，难以照顾到高校的个别情况。分析者的经验以及对财务风险的趋势进行定性、分析和判断是定性分析实施的基础，这就使定性分析在实际应用中有时会表现出比定量分析更加优秀的可靠性和有效性。例如，根据高校出现拖延和管制正常的报销支付、向银行贷款遭到拒绝等财务风险特征事件的出现，我们就可以比较容易地判断学校财务风险已经累积到相当的程度。定量与定性方法相互结合、取长补短，往往在管理实践中能够得到更为有效的结果。

二、高校财务风险预警系统的整体架构

（一）高校财务风险预警系统的基本内容

在吸收国内外高校财务预警现有的研究成果基础上，我们认为建立有效的财

务风险预警模型，应以现金流、财务指标和特征事件为考量基础，为高校的风险管理进行服务，能够使管理者在决策过程中被更有效地引导，在决策时能够更加全面地考虑各个因素的影响。依照定量和定性相结合的方法进行分析，在决策时，也能运用科学的决策模型来实施。因此，以现金流量模型为核心的高校财务风险预警系统包括三个判别基础，分别为现金流量模型、财务风险指标体系以及财务风险特征事件（图4-2-1）。

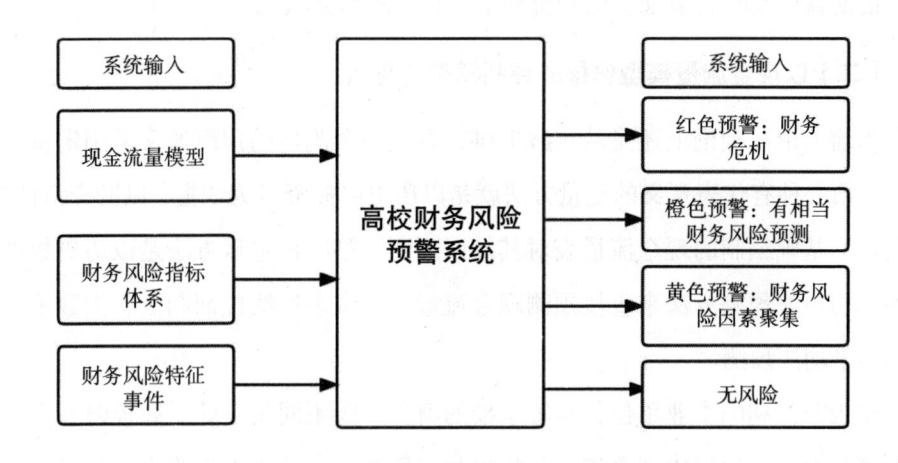

图 4-2-1　基于现金流量模型的财务风险预警系统示意图

现金流量模型的优点，一是输入数据的可靠性相对比较强，二是可以动态反映和观察风险，三是更加贴近现实和人们的理解，不足之处是根据目前我国高校财务管理的现实基础，要发挥该模型定量分析预测的功能尚需作出较大努力。

财务风险指标体系的优点是理论分析比较充分，可以多视角考察财务风险，实践中使用的也比较多，不足之处一是输入数据可操纵性较大，可靠性相对比较弱，且时点数据的局限性也比较大，二是各指标对总体风险影响的权重较难确定。

财务风险特征事件的优点是有时会比定量分析更加可靠和有效，不足之处，一是有赖于评估者个人的经验和判断力，二是有效的特征事件一旦出现，风险一般都已经累积到相当程度，预警功能明显欠缺。

因此，三者合在一起判断风险，可以取长补短，增强风险的识别功能和识别的可靠性。基于上述三个系统输入的各自特点，我们所设计的高校财务风险预警系统在具体应用时，其主要思路是以现金流量模型为核心评判模型，将高校的财务状况从现金流量的维度进行定量描述，将高校财务风险的状况和趋势进行充分分析和揭示；财务风险特征事件则为辅助评判模型，对高校财务风险进行定性补充的判定；财务指标体系是验证模型，其主要作用是为高校风险状况提供数据验证，帮助高校及时、多维度地分析和了解自身的财务状况。

（二）以现金流量模型作核心评判模型的特点

当前无论从理论上还是从实践上讲，企业现金流量的预测通常采用定量方法进行。第一种有代表意义的定量方法就是以历史财务资料为依据，以资产负债表、利润表为基础编制的现金流量表对其加以预测。第二种定量方法是以历史数据为基础，用一般预测方法来直接预测现金流量，通常采用线性回归法、指数平滑法和移动平均法预测。

作为非营利的事业单位，高等学校的财务风险不同于企业。高校财务风险归根到底是由高校运行中现金流入与流出状况所制约，流入大于流出，并且高于非付现成本，表明高校的财务状况较好，财务风险就较小；反之，高校面临财务风险就较大。因此，高校财务风险预警系统应该主要从现金流量的角度来识别和研判相应的风险。

现金流量是按收付实现原则来计量的，它与实际资金运动相一致。目前我国高校会计核算主要采用收付实现制原则，因此有一种模糊的认识以为可以简单地用收入和支出的实现来替代现金流入和流出的核算。高校采用收付实现制的核算也不可避免地需要引入权责发生制的原理。例如，应收款项的确立，就是应收未收的收入，或者说应流入而未流入的现金流；再有就是对外投资与收回投资、借入款项和归还借款，所产生的现金流入与流出均未反映到收入支出表中；又比如教育事业开支可能耗用库存材料，虽有开支但现金没有外流等。因而如同企业一样，高校收入支出与现金流入流出不相一致的客观性，决定了采用现金流量信息来反映高校的实际支付能力、偿债能力、资金周转情况、财务状况和风险状况，对于高校财务风险管理更具实际意义。

相比较于以往各种类型的高校财务风险预警系统，基于现金流量的高校财务风险的预警系统的特点如下：

1. 预警高校财务风险更具可靠性

高校货币资金的流入和流出是严格按照收付实现制计算的，而且银行存款等货币资金的收入和支出信息需要与开户银行的对账单等资料核对吻合。由此看来，现金流量的信息降低了人为操纵的可能性，相对而言比较真实、可靠。因此，以现金流量模型为核心评判模型的高校财务风险预警系统更具可靠性。

2. 预警高校财务风险更具综合性

研判财务状况是研判财务风险的切入点和基础，而现金流量又是研判财务状况最核心的指标。现金流量综合反映了高校收支的配比、债权债务的平衡、资产结构的合理性、财务管理的能力、保障运行的支付能力等。我们还可以通过现金流量表去追溯和发现高校财务状况恶化和风险累积的具体原因。因此，以现金流量模型为核心评判模型的高校财务风险预警系统更具综合性。

3. 预警高校财务风险更具有效性

高校财务最核心的任务就是通过开源节流、加强预算管理等手段和措施，保障学校事业发展的资金需求，最直接和现实的体现就是确保现实的支付能力。这些年高校财务风险最直接、最突出的表现就是高校现实的支付能力发生困难乃至危机。

研判高校现金流量的进出、结构和趋势就能未雨绸缪，采取有针对性的措施，防患于未然，确保高校的现实支付顺畅。因此，以现金流量模型为核心评判模型的高校财务风险预警系统更具有效性。

（三）以财务风险特征事件作辅助评判模型的特点

财务风险特征事件是指，在高校实际运行中对财务风险有明确表征意义的具体事件。由于财务风险特征事件的表征意义明确、具体，因此对于高校财务风预警具有十分重大的意义。财务风险特征事件分析属于定性分析范畴，是对现金流量分析和财务指标分析的一种补充，是结合了非量化因素，依靠分析人员以及有关风险专家的经验作出的判断。财务风险特征事件是在定量分析的基础上考虑是否提高财务风险预警等级的重要因素，这些因素大多不能被量化，即使能够量化，其在财务风险预警系统定量分析中的作用也不敏感，需要借助分析人员和有关风险专家的经验去识别、分析和应用。

1. 财务风险特征事件分析的主要优点

相对于基于现金流量和财务指标对财务风险进行的定量分析，财务风险特征事件分析往往对财务风险具有更强的判别力。

（1）可以克服定量和指标分析所固有的某些缺陷和不足

由于组织和个人的行为比较复杂，不能简单地将高校的各类运行活动数字化。即使实证分析考虑的因素比较全面、有效，但仍然不能囊括客观世界中具有重大影响的偶发因素，不同的高校有其自身的特殊性，相对比较统一的指标体系和预测模型不能有效地适应所有不同高校财务风险预测的需要。

财务指标用各种各样的数字来表示，它们通常只反映高校相关项目的表面现象，难以完整地揭示出数字后面的真实状况。例如，暂付款项目在分析报表中告诉我们的只是一个总数，到底有多少是刚刚发生的，有多少已经存续了很长时间了，有多少可能就是实际支出了，外人是无从知道的，而这些对于分析高校的真实支付能力具有重要的影响。

还有些财务指标在假设前提方面有先天缺陷，如反映偿债能力大小的指标有流动比率、速动比率以及资产负债率等，这些都把破产清算作为前提条件，主要关注资产的账面价值，因而忽略了融资能力和在经营过程中变动的偿债能力，或从静态角度认为这类指标对偿债能力的度量。

内部人员也能够较为容易地掌握财务指标。内部人员可借助会计制度的灵活性对一些事项进行虚构或采取挂账的方式来实现内部人员所期望的财务数据，财务指标操纵现象也就应运而生。

(2)与定量和指标分析相结合会使财务风险的预测更加有效和直观

作为经验分析方法的风险特征事件分析，与基于现金流量和财务指标的定量分析相互结合、相互补充，才会使财务风险的预测更加有效和直观。

实际工作中可能某种财务风险特征事件已经发生了，但依据现金流量和财务指标分析时，实际测到的定量值尚未达到设定的标准阈值水平，因而未达到设定的财务风险等级，甚至只能预测该财务风险特征事件将要发生。在这种情景下，应该依据财务风险特征事件的经验分析方法来确定财务风险的等级。

由于财务风险特征事件分析的开放性，也使不同的高校可以根据自身运行的特殊性和实践经验作出判断，对财务指标和现金流量分析的结果进行分析判断，及时充实和完善特征事件库，并从实际出发来调整财务风险预警等级。

2. 财务风险特征事件分析的主要缺点

财务风险预警没有绝对适用的方法和模型，任何方法和模型均有缺陷，财务风险特征事件分析也不例外。

第一，财务风险特征事件分析的最大困难就是事件的选择。与财务指标相比，事件的选择带有较大的任意性，需要根据经验判断和风险意识来确定。同时必须注意到，大多数在历史上有效的财务风险特征事件，并不能确保现在及未来是否有效。

第二，财务风险特征事件分析受到分析人员和有关专家的专业水平、历史经验、风险意识和对预警模型信赖程度等因素的影响较大。对于相同的事件，不同的分析人员和有关专家往往会作出不同的判断，财务风险预警的最终结果就会被影响。

第三，高校运营不佳的信号是财务风险预警信息传递的主要内容，分析人员往往会有"厌恶风险"的偏好，采取消极的态度来"规避风险"，而不愿意谨慎看待已经发生的财务风险特征事件，这样财务风险特征事件分析在整个财务风险预警模型中的作用会大大降低。

三、高校财务风险预警评价体系的设计

（一）基于现金流量模型的高校财务风险评价体系设计

1. 模型构建的思路

对高校财务风险进行评估，旨在及时揭示高校资金运动中存在的各种风险，强化高校资金管理。它作为一种风险诊断工具更强调管理过程，而不是结果判别，更注重风险预防而不是风险救济。所以那些因现金流断裂而导致的财务风险应该被揭示出来，但是本书所设计的财务风险评价体系更加侧重于捕捉风险积聚时暴露出来的各种迹象，从而实现风险预警和监督的功能。建构评价规则时需关注两大核心，即风险分类化评价和风险等级化评价。分类化评价需要选择一些评价指标，来反映高校整体运行、日常经营、投资和筹资这四类风险状况；等级化评价需要按风险危害程度定性划分。与当前财务风险评价使用较为广泛的排序评价法相比，等级化评价力求既考虑到对财务风险整体情况的刻画，又考虑到对风险等级范围内各资金活动具体表现形式的追溯。

因此，总体评价思路就是先进行风险分类，再通过阈值与判别流程实现等级的划分，其关系如图4-2-2所示。

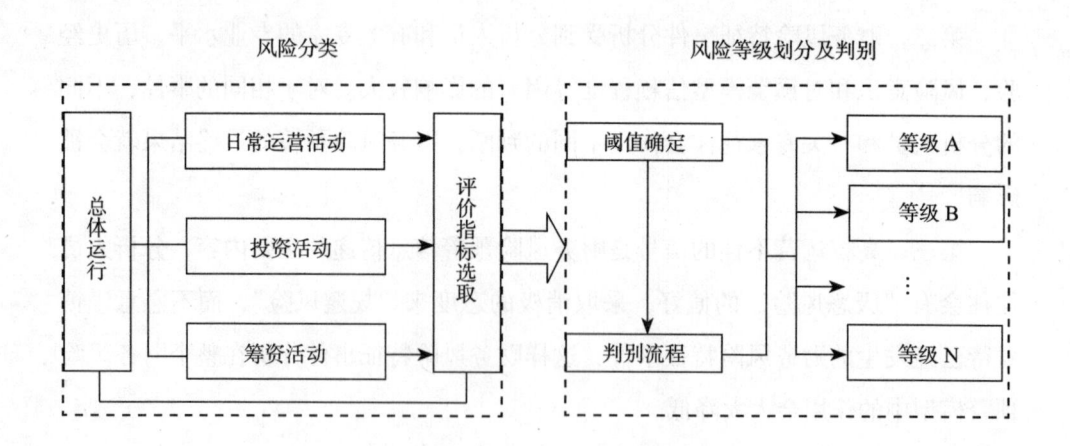

图4-2-2 风险评价体系的规则构建思路

具体而言,在风险分类阶段,主要是寻找能反映资金活动四大类风险的评价指标;在风险等级划分与判别阶段,主要是寻找能划分评价指标风险等级的阈值,并设定判别流程,根据判别流程最终给出高校风险评价结果。高校财务风险通常随着高校发展而呈现阶段性特点,具体表现为在不同时期,衡量各种资金活动的风险指标也会有所侧重,并与之对应,在对各层级进行描述时,风险表征同样体现了这一阶段性特征。所以,虽然风险指标可相应调整和改变,但风险指标选择和风险等级表征要有一致性。

2. 选取分类评价指标

从高校财务的实际情况来分析,运营非限定性收支平衡状况与限定性收支平衡情况、自筹基建支出情况以及贷款利息支出情况等内容,是在一般情况下影响日常运营风险、投资风险以及筹资风险的决定因素,故代表性的评价指标选取可参考如下:

(1) 总体运行风险

运用"期初现金+当期运营收支余额"的评价标准,用以解释高校运营整体收支平衡情况和期初现金结余额情况。当这一评价标准大于0时,表明高校能维持收支平衡且现金流转相对正常;当该指标低于0,则说明高校现金流转已存在问题。

(2) 贷款风险

高校贷款额提高,其对应的利息支出就随之提高。同时,因为高校所贷的款项有相当部分是中长期性质的,所以每年都没有真正产生本金的返还,但利息支出是作为固定的开支定期偿还,并且利息支出在目前高校中是必须由日常运营经费承担。当贷款金额大、利息支出与日常运营支出比例过高时,贷款财务风险就会开始积累与显现,对此可选择"利息支出与运营支出之比"作为评价贷款风险的指标,以反映高校在该领域的风险情况。其中,运营支出由高校的非限定性支出和限定性支出两部分组成。

(3) 投资风险

现今中国高校日常运行资金投入流向以自筹基建为主,资金来源以日常运行收支结余为主,从这个角度来考虑,高校在日常经营过程中,收支结余资金和基建支出所需经费要相匹配。所以，自筹基建和其他投资性资金流动合理性的判别采用"投资及暂付款的现金净流量占本期运营收支结余的比重"作为评价准则。用"投资及暂付款的现金净流量"来反映自筹基建和其他投资性用途资金流量，也就是"本期非现金流动资产"和"本期投资"这两种净现金流出的总和，其数值为现金流量表主表中的"本期非现金流动资产增加额"（表现为正值）与"投资产生的现金净流量"（表现为负值）之差。应当指出，本文测算的自筹基建支出和其他投资性用途现金净流出量忽视了投资收益和不适合高校自筹基建支出的因素，使这一指标的计算值偏离了自筹基建支出在收入中的实际比例。而这一指标应用于校际比较中，由于计算口径相同，故仍有可比性，可揭示高校投资风险。

（4）日常运营风险

日常运营风险考虑分别从"限定性收支净额"和"非限定性收支净额"两方面展开。同时为保证高校间运营风险有相对可比性，又进一步建立了"非限定性收支净额与本期运营收支结余的之比"相对价值评价指标，以关注在运营活动所创造的现金流量中，高校非限定性活动贡献了多少，从而以三个评价指标来全面评价高校日常经营中的风险问题。

基于上述内容，高校不同类别的财务风险情况就能够从这四个评价标准中体现出来。这类指标数据来源均来自现金流量模型，且计算较简便。我们应当注意到，对上述评价指标选择不同的会计期间来收集与计算评价指标时，现金流量模型将体现出不同的风险状况。比如，若采用某一年现金流量数据进行计算，则就会模型体现出该年的风险等级状况，具有很强的时期针对性；若在评价指标计算时使用若干年现金流量合计资料，则该模型就反映了若干年内高校整体财务风险情况，更加能说明高校财务风险在较长时间内积累的影响与情况。

"期初现金余额+本期运营收支结余""限定性收支净额"以及"非限定性收支净额"为绝对指标，尽管在高校之间不具有可比性，但是可以从定性的角度对高校收支是否平衡进行揭示，同时也可以对同一高校进行历史的动态比较；"利息支出占运营支出的比例""投资及暂付款的现金净流量占本期运营收支结余的比重"以及"非限定性收支净额与本期运营收支结余的之比"是相对指标，它可以让各高校之间进行校际贷款、投资和经营等风险的对比比较，用定量的分析方法将不同风险情况下的高校区别开来。相对于采用财务指标进行的多变量风险评价模型而言，现金流量评价模型将多个评价指标的权重视为是一致的，这就避免了不同变量赋予不同权重所造成过分放大某一项指标影响的风险，同时也避免了其他指标揭示风险不够重视的弊端。

3. 设计风险等级

目前对高校财务风险评价较常采用的是排序方法，这种方法仅仅对位于序列两端的高校具有提示作用，而对于中间序列的高校只指出其相对排名，具体该高校的风险程度如何并不加以反映。本书尝试运用高校财务风险等级划分法，从而能够更直接地描述高校财务风险的整体情况，并在适当的时候给予风险提示，并且可以进一步溯源到特定评价指标在这一风险等级中的对应情况。

本书对高校财务风险进行的等级划分，是从现金流量的角度出发，结合高校资金运动的特点，分别从总体运行情况、贷款情况、投资情况以及日常运营情况选取具有代表性的评价指标，根据高校在各个评价指标中的表现情况，将高校财务风险由低到高划分为不同的等级。根据我们的研究，通常影响贷款风险、投资风险与日常运营风险的决定因素是贷款利息支出情况、自筹基建支出情况、运营非限定性收支平衡状况与限定性收支平衡情况等内容，故不同风险等级中的特征描述将围绕这些内容展开。我们按照风险程度由低到高的顺序，对高校财务风险划分如下（表4-2-1）。

根据大量实证研究的结果，考虑基于现金流量模型的高校财务风险系统中，从现金流量的角度风险等级按如下状况设定：

表4-2-1 高校在不同财务风险等级下的财务活动特征表现

预警类型	现金流量情况
绿色	高校总运行经费、限制和非限制性经费都收支平衡，总体运行平稳，现金流转正常；高校无贷款或是有少量贷款，但是贷款总额及利息支出较少，能够随时安排资金作为还款保障；自筹基建贷款额相对较少

续表

预警类型	现金流量情况
黄色	高校总体运营收支可以实现收支平衡，总体运行平稳，现金流转正常；贷款利息支出在其运营支出中的比例有所增加，形成相对稳定、固定的支出，但是尚未形成高校实际的财务负担；自筹基建支出比例有所增加，尚在高校自身支付能力范围之内，但是结余资金再用于安排其他事项的余地不大；限定性收支净额留有结余，非限定性收支净额已经达到入不敷出的境地，基本支出的赤字可以通过挤占限定性收支结余来缓解压力
橙色	在动用沉淀资金以及银行存款的状态下，高校总体运营收支仍能达到收支平衡，运行平稳，现金流转正常；高校的贷款额较大，需安排较大资金用于偿还贷款本息，逐渐形成高校实际的财务负担；自筹基建支出比例增大，已实际超出高校自身的支付能力，必须借助银行贷款来保证基建支出以及其他日常运营的资金所需；限定性收支净额仍有结余，但是用于弥补非限定性收支净额的赤字程度已是"杯水车薪"，需要另筹资金用于高校运营当中的正常支出
红色	高校总体运营已经难以达到收支平衡，出现入不敷出的状况，现金流转发生困难，但还可以得到银行贷款，动用银行贷款的数额较大，利息支出已成为沉重的财务负担，成为高校运营支出的一个重要组成部分；非限定性收支净额出现严重亏空，数额较大；限定性收支净额也出现了入不敷出的情况

（1）绿色（安全等级）

绿色是财务风险等级中最高的安全等级。当各方对资金管理更为慎重时，风险的应对能力也就更强。对高校来说，财政拨款投入是存在的，依据高校本身规模情况，也是具有稳定的事业收入的。预算的实施效果较好，使限定性收支净额和非限定性收支净额均有余额，可以利用余额的经费扩大学校的基础建设。基础建设规模要合适，债务要恰当利用，债务利息支出要限制在学校可负担的限度内，从而使得高校的总体运行状况是安全、良好的。

（2）黄色（低风险等级）

从安全情况来说，高校的整体运行情况比较稳定。但是，也会有潜在的危险：

非限定性收支净额会因为预算或者预算执行方面的问题而产生负数；基础建设投入不断扩大，给日常运营资金带来一定冲击等。这一级别的风险还不会影响到高校资金日常运行，但是高校应该意识到这些安全隐患的存在，有针对性地采取补救措施并强化相关财务管理。处于这一层次的高校财务风险因素正逐步集聚和暴露。

（3）橙色（较高风险等级）

相对于低风险情况，高校整体运行态势基本平稳，但已显现出一些难点。比如，保持高校正常运行的非限定性收支净额亏空较多，限定性收支的余额已经不足以满足非限定性收支差额对现金的要求；抑或基建投入本来就需要相当规模的银行贷款作保障，贷款利息支出也逐渐成了高校财务负担并对其经营造成了一定影响。对于此类风险各高校应引起足够的重视，做到防患于未然。在这一层次上，已形成了相当程度的财务风险预测。各类风险特征表现已稳定延续，各高校要想保持自身正常运转除使用大部分甚至全部沉淀资金之外，还需要借助一些银行贷款来弥补。

（4）红色（高风险等级）

红色是财务风险等级中风险程度最高的等级。处于这一风险级别的高校可能存在两种状况，一是基于橙色级别的财务状况进一步恶化，二是由于高校得某一特征的异常突出。可能会出现以下几种情况：高校本来就需要靠银行贷款来维持每天的资金周转，因此贷款利息支出过大就成了高校正常经营的一个沉重包袱；基建投入需要的经费大大超过了高校运营结余的部分，这也严重地影响了高校的日常运行；高校日常经营所使用的非限定性收支净亏空过大，依靠挤占限定性资金余额还无法弥补，就连限定性收支本身都存在亏空。在这一层次上，高校日常运行已经受到影响，我们一定要找到症结并及时采取措施。

将绿色、黄色、橙色及红色等级分类运用于高校财务风险安全和危害程度划分中，可发现高校风险等级与其评价标准存在匹配性，即安全等级提高，其评价指标标准也会变高。高校现金流在某一类资金运动中可能表现良好，但在另一些资金运动中则表现不佳，根据木桶短板理论我们可以知道，整体财务风险仍处于一个相对较高的水平,对相应风险进行了全面揭示,告诫学校资金管理过程中存在特定方面的缺陷,并指出了未来须着力完善之处。

4. 确定等级阈值

在级别划分设计中有所提及,不同级别的高校在整体运行风险、贷款、投资和日常运营等方面的特点和表现会有所不同。究其原因,是由于高校本身财务状况能够达到哪一级评价指标的数值,就会显示出相应类型风险的特点。因此,通过设定不同层次评价指标的判断条件,以实现高校财务风险分级效果。在此过程中,不同级别的判定条件转化为对相邻两级别间的临界值,也就是评价指标的阈值。通过观察上述6个评价指标的特点,三项绝对指标的阈值只能从有无风险的角度,定性地进行粗略区分,因此阈值确定的关键在于对三项相对指标作出合理界定,据以对高校风险实行等级的区分。

在对评价标准进行阈值确定的过程中,我们采用了小样本下的经验确定法以及全样本下的统计分析方法,以求对阈值作较为科学、合理的界定。

根据高校财务风险等级划分所选取的6项评价指标自身的特点,如表4-2-2所示,从定性、定量两个方面,对阈值进行分析。通常学校规模等因素会对a、d、e 3个绝对指标产生一定的影响,由此这在高校间的可比性不高。但是如果从"量入为出,收略大于支"的资金管理要求的角度来分析,高校的资金保障充足时,这三个指标的数值为正且数值越大,此时高校对各项风险都可以应对,这就是对高校的财务风险采用了定性分析的方式来衡量和评价。而针对b、c、f这3个相对指标来说,因为它们具有能够在各高校间进行比较的优点,所以能够为各个指标设置不同的阈值,这样就能通过定量分析来对高校财务状况进行分校,实现财务风险等级划分得目的。

表4-2-2 高校财务风险等级划分的评价标准

评价标准	变量设定	指标特点
期初现金金额+本期运营收支结余	a	绝对指标

续表

评价标准	变量设定	指标特点
贷款利息支出/运营支出	b	相对指标
投资及暂付款的现金流净量/本期运营收支结余	c	相对指标
运营非限定性收支净额	d	绝对指标
限定性收支净额	e	绝对指标
非限定性收支净额/本期运营收支结余	f	相对指标

（二）基于财务风险特征事件的高校财务风险评价设计

1. 财务风险特征事件选择的基本原则

（1）财务风险特征事件不宜过多

高校财务风险的主要表现为现金短缺、入不敷出乃至现金断流，所选择的财务风险特征事项主要针对这些财务风险的表现，并与这些表现形式有直接或间接的因果关系。财务风险特征事件数量不宜过多，数量太多不利于预警模型的有效运行。

（2）财务风险特征事件要强烈有效

对非定量经验分析方法进行介绍，旨在弥补财务风险指标体系与现金流量模型在分析中的缺陷，提高财务风险预警的精度与效果。因此，所选定的财务风险特征事件较财务风险指标体系和现金流量模型，应更能揭示和表征高校运行中的现金流量风险，因此，财务风险特征事件的强烈有效是最重要的要求。

（3）财务风险特征事项要具有开放性

由于不同的高校有不同的运行特点，在不同的发展时期高校财务风险有不同的侧重点和表现，因此，所选定的财务风险特征事项应具有开放性，以适应不同学校和不同发展时期的特殊性。在具体设计中，可以在预警系统中形成较少数量的"财务风险特征事件库"，分析人员可以根据具体情况和历史经验进行判断和选择使用。

2. 选取代表性财务风险特征事件

（1）内部控制严重缺乏有效性

有学者认为，加强学校财务的内部控制和会计制度管理规范，是防止资产和资金流失，加强财务管理安全和防范财务风险的有效措施。健全和有效的内部控制为高校的健康运行提供了合理保证，是防范财务风险的基础工作。基于COSO报告（内部控制——整合框架，1992）的基本思想，我们把高校内部控制的健全和有效作为财务风险预警的一个财务风险特征事件。内部控制严重缺乏有效性，即意味着高校财务风险因素的集聚和防范风险能力的下降，甚至意味着财务危机将要发生。

（2）对正常支出实行各种拖延支付的约束和管制

高校财务的实践表明，当高校开始对按预算计划的经费支出、科研项目经费支出等正常的支出，实行各种拖延支付的约束和管制时，高校一定出现了现金流非正常的短缺，如果不针对产生的问题作出有效的对应措施，任其发展延续下去，高校将会面临现金断流的危机。

（3）向银行借款遭到拒绝或发生困难

高校向银行借款遭到拒绝或发生困难，或许也意味着现金断流的风险的出现。如果是因高校运行性质的需要而向银行借款，则表示财务危机即将形成。同时也需注意的是，向银行借款遭到拒绝或发生困难的判断有很大灵活性，要根据政府对高校贷款的导向政策和各金融机构对高校贷款的具体政策倾向和要求进行评估，可能因为不同高校所处的地区不同、隶属关系不同、学校类型不同而有较大差异。

（4）校办产业或其他对外投资遭遇重大财务风险

校办产业或其他对外投资遭遇重大财务风险，而高校并无有效的应对措施，这种风险就会逐步传递到高校，或由高校承担相应的连带责任，影响高校财务的健康运行，从而导致高校现金支付金额突然增大，现金短缺，乃至现金断流。

也有研究认为，特征事件内部指标可设计为七项：①正常预算支出延期支付的金额和比例；②当年银行贷款利息超过当年校级预算中公用经费的金额和比例；③举债超过标准值规模的金额和比例；④发生有一定影响的资金运作和校办产业财务风险事件；⑤财务状况连续失衡；⑥向银行贷款受到拒绝；⑦存在资金运作和校办产业的重大隐患。

具体到整个预警体系（包含现金流、特征事件和财务指标等）的设计，即为①～③可以并到财务指标体系中，并考虑增加其权重；④～⑥可以作为重要的财务风险特征事件，并考虑各内部指标权重。

第三节　高校财务风险防范机制研究

一、完善经费筹措机制

资源投入是决定高等教育规模和质量的关键因素，保障投入是防范高校财务风险的基础和前提。随着全球范围内中等教育的普及和知识经济的兴起，人民群众对高等教育的需求激增，高等教育出现了从精英教育到大众化甚至普及化的发展势头。发达国家较早地进入了大众化教育阶段，通过分析比较中外高校经费筹措渠道和结构的差异，分析比较财政经费分配的方式和方法，可以为我们保障高等教育事业的经费供给，防范高校财务风险提供有益的启示及借鉴。

（一）确定财政投入的目标和原则

建立兼顾公平与效率的高等教育体制是世界各国政府追求的目标，也是各国大众化高等教育阶段所面临的共同难题。高等教育公平指的是社会成员在占有高等教育资源上的公正与平等，即通过资源配置的公平，实现社会成员在高等教育入学、过程（即接受各种教育服务）和结果（即就业）三方面的机会均等。公平的教育资源配置应同时具备以下三个内涵：一是横向公平，即均等分配教育资源，以保证辖区内所有学校和学生享受基本相同的教育设施和服务；二是纵向公平，即依据"谁受益，谁付款"原则，要求接受高等教育的社会成员直接承担一部分成本；三是实质公平，即通过资源配置过程中的调整和转移，对特殊社会群体如少数民族、贫困和残疾学生，予以适当支持。横向公平和实质公平由政府的高等教育财政政策及投入决定，纵向公平则是成本分担及补偿问题，与私人部门（主要是受教育者及其家庭）的投入有关。因此，高等教育的公平问题最终归结为公共部门和私人部门投入的总量和结构以及公共部门投入的分配问题。高等教育总投入越多，公共部门投入的分配越均等，公共部门投入对特殊群体的扶植力度越大，实现公平的可能性越大。

高等教育肩负着实现公平这一社会责任。教育公平与教育资源分配密切相关，教育资源有其有限性，并且存在区域分布、学校分布、时间分布等方面的不平衡性。教育资源的配置受国家政策、社会意识形态、经济发展水平、教育人口变动等重大因素的影响。目前比较普遍接受的教育资源分配公平原则主要有如下五条：第一，资源分配均等原则。具有起始性和横向性的公平原则主要在于，确保在相同区域和相同国家范围内，为所有学校及其学生提供基础教育财政公平。第二，财政中立原则。每一个学生公共教育经费支出的不同，不可能和该学区的富裕程度有关。这一原则确保了上级政府通过向下级政府和学校提供不平等的财政拨款，来克服所管辖学区之间以及城乡之间教育经费的差别，并确保学生享有均等机会。第三，调整特殊需要原则。加大对少数民族（种族）学生、非母语学生、边远地区和居住地分散的学生、贫困学生、身心发育有障碍的学生的关注力度，加大资助力度。第四，成本分担与成本补偿的原则。遵循费用应由全体获益者共同承担这一原则，规定非义务教育阶段必须向学生征收部分教育费用和向某些学生实行推迟付费，这是纵向性公平。第五，公共资源由富向贫流动的原则。

随着知识经济时代的到来，尽管各国政府均认识到人力资本投资，尤其是高端人才培养对经济增长和国家竞争优势的重要性，但在有限的财政预算约束下，高等教育供给与需求的矛盾日趋尖锐，于是人们开始关注高等教育的效率。高等教育效率是从产出角度衡量资源投入的收益，包括人才培养的数量和质量、科研成果的数量和质量、社会服务等。从静态角度来看，国家不同地区、不同高等教育机构单位投入的产出数量和质量及由此产生的社会和私人收益肯定存在差异。若以既有的效率决定当期的公共和私人投入，尽管可以实现短期社会和私人收益的最大化，但必定会导致资源配置的不公平，这种不公平又会反过来扩大效率的差异，从而形成恶性循环，这便是效率与公平的冲突性。但是如果从动态角度来看，国家不同地区、不同高等教育机构当前投入与产出效率的差异或许正是过去资源配置不公平的结果。要实现未来的、长期的社会收益最大化，应该在不降低高效率院校投入的前提下，增加对低效率院校的投入，一旦此类高校效率有所提升，私人投入就会增加，从而形成良性互动，这便是公平与效率的共存性。

因此，如果从动态角度理解国家高等教育的公平和效率，政府在培育高等教育效率中的作用和地位不可替代，高等教育公共财政的增长及其向资源匮乏地区和高校倾斜、向弱势社会群体倾斜是增进长期效率和实现实质公平的关键所在。建立规范的高等教育财政转移支付制度是实现兼顾公平和效率的一项重要政策措施。对此，应健全财政转移支付制度，并明确构建政府间规范财政转移支付制度以实现各地高等教育服务供给能力或者水平大致均等为基本目标；逐步加大均等化转移支付力度，以及与特定政策目标挂钩的专项性转移支付规模；完善专项性转移支付拨款，使项目的设置更科学、合理，成为国家在高等教育方面对地方政府加以引导和进行宏观调控的重要手段；转移支付制度应坚持公正性、规范性、公开性的原则等。

（二）确定财政拨款方式

各国政府高等教育财政拨款的对象主要有三个：公立院校、私立院校和学生及其家庭。对公立和私立院校的拨款称为直接拨款；政府通过中间机构（如金融机构、高等院校）以奖学金、助学金和学生贷款等形式拨付给学生及其家庭的经费称为间接拨款。各国政府对三类对象的财政拨款呈现三大特点：一是公立院校是主要受益者，绝大多数国家政府对公立院校的直接拨款占高等教育总拨款的70%以上，部分国家甚至高达100%；二是发展中国家公立院校政府拨款的相对水平高于发达国家；三是政府对学生及其家庭的间接拨款规模显著高于对私立院校的拨款，而且相当一部分国家尤其是发展中国家政府对私立院校不提供任何直接拨款。

政府向高等院校的直接拨款可分为三部分：教学经费、科研经费和基建与设备经费。从资金的用途看，高等教育的支出可分为经常支出和资本支出两大类。从世界主要国家总体的高等教育经费支出结构看，经常支出与资本支出比约为9∶1，经常支出中对教学、科研、管理和后勤等工作人员的工资补偿占经常支出的3/4左右。

各国政府对于高等教育的教学、科研、基本建设三类经费的拨付机制一般采用三种模式：一，总额拨款指的是不设附带条件的一次性大金额拨款，是最主要的模式；二，专项拨款是面向特定院校或针对特定目标（包括设施、设备、课程等）的拨款；三，逐条列记拨款是严格按照预算条目拨付和支出的款项。具体方法主要有四种：协商法、历史趋势法、公式法和竞标法。前两种是较为传统的方法，运用这两种方法，政府拨款金额分别取决于拨款部门与不同院校的协商和往年对不同院校的拨款量，因此这两种方法往往是投入导向型的。后两种则是较为新型的方法，各国进行公式法拨款的主要依据有投入、产出、质量、政策和成本等，其中投入和产出是主要变量，而基于后一变量的拨款通常称为绩效拨款，质量和政策变量可以对公式进行调整，以反映各国不同的学科发展、区域发展和人才培养的政策目标。竞标法则是基于院校申报、公平竞争、同行评议来决定拨款的对象和金额，由于此类拨款方式以项目为中心，因而通常是产出导向型的。

各国教学经费拨款普遍采用总额和专项两种拨款模式，只有少数国家单独或混合采用逐条列记拨款模式，公式法是总额和逐条列记拨款模式的主要方法，竞标法则主要适用于专项拨款（表4-3-1）。

表4-3-1　部分高等教育教学经费的拨款模式与方法

国家	总额拨款	专项拨款	逐条列记拨款
澳大利亚	公式法；历史趋势法	竞标法；公式法	——
芬兰	公式法	竞标法	——
希腊	——	——	公式法
日本	公式法	竞标法	——
韩国	——	竞标法	公式法
墨西哥	——	竞标法	历史趋势法
荷兰	公式法；历史趋势法	竞标法	——
新西兰	公式法；协商法	竞标法；公式法	——
挪威	公式法；历史趋势法	——	——
瑞士	公式法；协商法	协商法；公式法；竞标法	协商法；公式法
英国	公式法	竞标法	——

续表

国家	总额拨款	专项拨款	逐条列记拨款
智利	公式法（5%）；历史趋势法（95%）	竞标法	——
俄罗斯	——	竞标法	历史趋势法；公式法

各国科研经费的拨款机制通常有两种：一种是与教学经费一起采用总额拨款方式拨付，另一种则是基于专项拨款方式单独拨付。采用前一种模式的主要理由是，高等院校的教学职能与科研职能的界限并不清晰，因此两方面的经费也不宜区分得太明确。但是，当前大多数国家采用的是后一种机制，在该机制下，拨款方式主要有公式法和竞标法两种，如英国高等教育的科研经费采用的是基于高等院校整体质量和研究能力评估的公式拨款，而美国则主要采用基于项目导向、同行评议的竞标法。而且，从OECD（经济合作与发展组织）国家的总体情况看，与教学拨款相比，科研拨款的产出导向性更加明显。

各国对于资本性支出（基本建设等）的拨款机制大致可分为两种：一种是与教学、科研相同的模式与方法，共同拨付；另一种是与两者分离单独拨付。目前多数国家采用的是后一种机制。另外，在高等教育资本支出主要筹资渠道的债券融资中，政府扮演着重要角色，如在美国大多数州，如果公立院校采用学费收入债券和收入债券募集基本建设资金，政府就会承担支付全部或部分债务的义务。

当前各国高等教育财政政策有促进公平和效率两大主要举措：一是成本分担下的学生资助以实现公平，二是预算约束下的绩效拨款以增进效率。在有限的教育财政预算约束下，政府对高等教育投入的增量有限，各国兼顾短期效率和长期效率的主要策略是改进拨款机制，采用绩效拨款，在提升高等院校投入效率的同时，使增量部分兼顾公平。

近年来，我国政府开始引入基于绩效导向的拨款方式，对一流大学建设起到了积极的促进作用，在提升高校办学质量和服务经济社会发展能力等方面发挥了重要作用。同时,我们也要充分注意到专项经费名目过多、交叉重复、占总经费比重过大引起的问题,包括高等教育发展的同质化倾向、内涵式发展的导向不够、高校自主权名惠而实不至、定额经费不足的同时专项经费大量结余、"吃饭"与"建设"的财政供给结构比例失调,这些问题倒过来反而影响了高等教育的整体绩效和高校财务运行的健康顺畅。多年的实践证明,"基本支出预算+项目支出预算"(实务中亦称"定额拨款+专项经费")是相对合理和有效的财政经费分配方式。定额拨款就是所谓的公式法拨款,主要功能是保障高校的基本支出;专项经费就是项目拨款,体现着扶优、扶强、扶持的绩效导向和竞争法则,主要功能是保障专项建设任务。

目前政策的着力点,首先,应当将定额拨款占总体拨款的比例进一步提高,提高对贷款定额的标准,确立对定额拨款为主的财政经费分配基本模式,要按照人均来分配,这样就使高校拥有了更为自由的统筹自主权和资源配置的权力。然而,因高校分类的不同和地区差异系数的存在,分配自然也有着不可避免的问题,但是定额差异也不能走进越分越细的死胡同。其次,专项拨款应采取更加开放的评审制度和更加严格的验收评价制度,专项经费的投入及成果应接受更加严格的公众及社会的监督与评判,更好地体现出公平公正竞争的原则。办学及管理改革绩效奖励专项应更多地与立德树人和提高质量等终极目标挂钩,并纳入学校可统筹安排的自主权内,该专项不必拘泥于专用的原则。专项经费立项要求的学校配套一定要审慎评估,权衡运用经费分配杠杆干预学校预算安排和保障学校自主权之间的利弊。总之,财政经费分配应进一步体现简政放权的导向,对于高校自主权与绩效导向的关系要能够正确地使用和把握,重视社会方方面面的关注以及赋予家庭更多的权利和义务,把握好"一要吃饭二要建设"的财政经费安排的基本原则。

(三)确定学费制度和助学贷款机制

在大众化阶段,各国政府扩大高等教育供给时,涉及最大利益相关者——学生的财政政策主要有两项:一是将部分高等教育成本转向高等教育的需求者,即成本分担及补偿;二是成本分担下的学生资助。高等教育属于准公共产品,其产出主要包括人才培养的数量和质量、科研成果的数量和质量、社会服务等，这些产出会给个人和社会同时带来直接（货币）和间接（非货币）收益。研究表明，教育的私人收益要高于社会收益。根据成本分担理论可知，高等教育的个人补偿和成本分担体现了"谁受益，谁负担"的市场经济原则，而且在缓解政府财政压力的同时，还能够促进教育机会均等，体现了社会公平性，无偿教育也并不意味着公平。实施成本分担时需要坚持的原则，一是利益获得，二是支付能力，而支付能力则取决于国家财力分配结构取向，即政府与个人之间分配政策的集中与分散程度。

随着高等教育平均成本和入学率的增长，政府的财政压力不断增长，各国高等教育成本逐渐呈现向私人部门，尤其是学生及其家庭转移的趋势。学费实质上已成为各国高校收入的主要来源之一。各国制定学费标准的主要参考指标是生均成本、人均 GDP 或平均收入。我国在经历了相当一段时间学费水平冻结不变之后，在 2015 年国务院印发的《统筹推进世界一流大学和一流学科建设总体方案》中明确了要"按照平稳有序、逐步推进的原则，合理调整高校学费标准，进一步健全成本分担机制"。[①]

同时，我们应该充分意识到收费也会对机会公平产生负面的影响，但是也没有更好的政策选项，要想解决家庭经济困难学生的经济负担，主要还是要依靠精准的奖贷学金和助学金政策，这也是各国通行的做法。对高校学生及其家庭的公共财政资助，国际上通常称为"政府间接拨款"，主要有两大类：一类是无偿资助，主要形式是对低收入学生及其家庭的助学金和对高能力学生的奖学金；另一类是有偿资助，主要形式是学生贷款。无论哪类国家，近年的趋势都是有偿资助的增幅快于无偿资助，即倾向于用前者逐步取代后者，此类情形在澳大利亚、日本、英国、挪威、新西兰等国尤为明显。

高等教育学生贷款需要政府（即贷款管理部门）与市场（即金融中介机构）的共同参与，但因为各国政府的介入程度不同，从而导致学生贷款运行模式的差异。例如，美国的斯太福德联邦家庭教育贷款（Stafford Loan）采用政府—市场

[①] 张树军. 十八大以来全面深化改革纪事（2012—2017）[M]. 石家庄：河北人民出版社，2017.

互动模式,政府的职责仅限于:第一,制定法规,建立贷款计划;第二,提供政府补贴、担保和保险;第三,向国会申请贷款运行经费;第四,与担保机构和委托机构签订委托代理合同;第五,建立贷款学生数据库;第六,监督担保机构和资助机构的业务运行。这些具体业务由政府委托的贷款机构操作,贷款机构可以是银行,也可以是其他非银行金融机构。而且,美国还有发达的学生贷款二级市场,贷款机构可以将其所持有的债权出售给经营学生贷款的金融机构,此类机构再以证券形式出售给投资者。由于联邦家庭教育贷款由政府提供担保,此类证券对投资者有较大吸引力。学生贷款的证券化不仅分散了贷款机构的风险,增加了贷款机构的资金流动性,也丰富了学生贷款的资金来源。当然,这种模式运行的前提是存在成熟的金融市场和有效的金融监管机制。加拿大的高校学生贷款则采用政府主导模式,政府不仅承担制订和调整法规政策、审查学生贷款资格和学校教育资格、建立和管理学生贷款数据库等职责,而且还直接提供贷款经费。贷款支付、账户管理和贷款回收等具体业务由受政府委托的民间金融服务机构负责。

我国的学生资助制度体系建设也越来越完善,一是学生资助的项目众多,从国家的层面上讲既有助学金也有奖学金,既有励志奖学金也有学业奖学金,既有学费贷款也有学费补偿、贷款代偿等。再加上地方和高校设立的项目,不仅可以解决学费,还可以解决学生的基本生活费。二是政策覆盖范围大,包括入学新生、高年级在校生、毕业生、专科生、本科生、研究生等,覆盖面广,所有研究生和20%的本专科生享受国家助学金,近十万本专科生和研究生享受国家奖学金,40%硕士生和70%的博士生享受国家学业奖学金,3%的本专科生享受国家励志奖学金。高校财政投入的数额较大,资助大学生所需资金几乎占到了学生资助总额的二分之一,而这二分之一又来自于财政投入。

不断完善我国国家助学贷款的运行机制,可以增加普通高等学校对于较困难家庭学生的资助,以进一步推动高等教育入学机会的公平性。首先,要运用金融手段健全我国普通高校资助政策体系,改革国家助学贷款经费运行主体,扩大经费来源,国家开发银行等政策性银行可代替商业银行成为国家助学贷款经办银行,同时,可采取筹集社会捐赠和发行教育投资基金两种渠道进行融资,吸引保险机构介入，共同承担违约风险和减免高校的担保责任。其次，要加强大学生诚信教育及相应机制建设；要健全个人信用体系，发挥个人信用信息数据库功能，以制度约束增加贷款人失信成本；通过多种举措有效缓解助学贷款负担与压力，可采取国际通行政策、延长还款期、落实优惠利率等措施缓解学生经济压力。

（四）促进社会服务和捐资助学

随着高等教育与经济社会发展紧密度的不断增强，促进了世界各国的高等学校纷纷走出象牙塔，更多地担起社会责任，这已成为世界各国高等教育发展和社会发展的潮流。世界各国高等教育发展的实践也表明，科学研究、社会服务、产学研合作和社会捐赠逐步成为高等学校筹措经费的重要渠道之一。

科研经费收入的多寡一般是由高校的职能来定位或者科研职能强弱所决定的，同时还与其政府制度安排密切相关。美国公立高校绝大部分属教学型，科研职能薄弱，故科研经费收入仅能作为经费来源辅助渠道；大多数私立高校属研究型，具有很强的科研职能，所以科研经费收入为主要经费来源或来源渠道之一。日本国立高校绝大部分属科研教学并重型，故科研经费收入为经费来源的主要渠道之一；大多数私立高校因为是教学型，所以科研经费收入仅仅是一个辅助渠道，这一点恰好与美国大学相反。

由于美国的高校率先确立了社会服务为大学的基本职能之一的办学理念，加之政府制度的安排，这项收入不论对于公立还是私立高校都是经费来源的主要渠道之一。在日本，由于公立大学是政府的附属机构，并实施大学特别会计制度，加之长期形成的办学理念，该项收入仅为经费来源的辅助渠道，而私立高校由于没有或很少获得政府财政拨款，必须从多渠道争取办学经费，该项收入一直是经费来源的主渠道之一。

社会捐赠办学是美国特有的捐赠文化，加之由于税收制度的正面鼓励，社会捐赠收入始终是私立高校资金来源的主要渠道，而公立高校由于居于主渠道的政府财政拨款日益减少，也开始和私立高校争夺社会捐赠，并成为其努力的方向，逐渐成为经费来源的主渠道之一。在日本，由于捐赠文化的相对缺失，同时政府管理公立大学的方式导致了公立高校寻求捐赠的积极性不高，而私立高校因其社会声望普遍不高的原因，使社会捐赠收入在国立和私立高校经费总收入占比小，均成为经费来源的辅助渠道。

要确保高等教育进一步发展的经费供给，除了需要依靠政府继续支持外，各级各类高校都需要克服"等、靠、要"和传统、封闭式办学的思维惯性，夯实服务国家战略和社会发展的理念，以服务求支持，以贡献求发展，经费筹借的渠道在服务经济社会的不断发展中被进一步拓宽，社会合作不断扩大，社会捐赠也被更大力度地鼓励，社会支持的长效机制也在不断健全和完善，并逐步实现资源的多渠道汇聚，使自我发展能力得到增强。同时，政府需要努力培植捐赠文化，完善鼓励捐赠的配套政策，在争取社会资源和拓展资金渠道方面取得更大的进展。

二、创新理财理念与体制机制

防范高校财务风险是一项复杂的系统工程。高校财务运行健康与否及其风险状况，不仅与经费的供给状况和方式密切相关，而且与学校的目标定位、理财理念、相应体制机制以及政府自身的定位、管理高校的模式与方法紧密相连。

（一）确立绩效导向的理财理念

理念和观念是管理的灵魂，决定了管理的思路、构架和措施。在20世纪80年代，新公共管理理论开始在非营利性组织的管理中引起日益广泛的重视，核心是引入竞争机制、管理重心下移、借鉴企业管理中战略管理和成本核算等方法、建立以绩效为导向的管理模式，在扩大财源和经费投入的同时，开始重视资源的有效配置和使用，讲究经费的使用效益。

1. 社会责任应主导大众化发展阶段的高等教育

我们要认清精英教育与大众化及普及教育的本质性差异。当高等教育步入大众化及普及化阶段之后，其目标定位已经不再是精英教育阶段单一的学术导向，而是学术和社会责任并重的双重导向，并正在从社会中的高等教育逐渐转化为社会的高等教育。高等学校是高等教育的承载者，面对学术标准和社会各方对教学质量的要求，必须做到两者兼顾，包括目前要求的支撑创新驱动发展战略和服务经济社会发展的导向。高校已不可能成为质量标准的最终决定者和评判者，还必须接受社会外部评价。在这个办学规模迅速扩张的阶段，高校正在逐渐丧失知识生产者的垄断地位，实用主义的价值取向已经不以人们的意志为转移，深刻地影响和主导着高等教育，学生成为高等教育最大的利益攸关者，人才培养的核心地位不断得到强化，不可逆转的就业导向和不可抗拒的学生"用脚投票"的力量，使从前只是注重学术知识传授的学生培养目标，已经不能适应现在的教学要求，要培养各类创新型、应用型、复合型的优秀人才，他们要更具备历史使命感和社会责任心，富有创新精神和实践能力。"操作主义"的理念在高等教育中开始盛行，一个广阔的操作能力市场已经形成。在这个时代，知识不仅变成了资本，而且成为商品。世界高等教育正在经历着市场化的洗礼，社会及市场对高等教育质量评判的主体地位正在确立，高等教育进行封闭式"自娱自乐"自我评价、自我陶醉、自我欣赏的时代正在成为历史，高等教育已经成为一个庞大而繁荣的竞争性行业，不仅要接受市场和社会的评价，还要接受相应的问责，具体到个体的高等学校，甚至还会感受到生存的危机。

2.确立与市场经济和现代高等教育相适应的理财理念

高校财务工作的基本任务是，为学校事业发展和战略目标的实现，积极拓展经费来源，有效配置和使用经费。为此，面对社会主义市场经济大环境的日趋成熟和高等教育进入大众化发展阶段形势及任务的变化，高校的理财理念和思路必须与时俱进，作出相应的调整和更新，主要包括：一是要克服"等、靠、要"的政府"附属单位"的思维惯性，树立"独立法人"积极主动的市场意识和多渠道筹集资金的意识；二是要克服重会计核算、轻财务管理，重资源筹集、轻资源配置和使用效益，重货币资金管理、轻物化资产管理的事业单位财务工作传统，引入现代的经营意识和全面的理财意识；三要克服高校长期和普遍存在的只求"高大上"、缺乏成本意识的"成本最大化"倾向，树立投入产出和成本效益意识，将讲究"绩效"作为高校财务管理追求的核心目标之一；四要克服高校财务运行追求"绝对无风险"的思维定式，确立货币的时间价值意识、适度和合理的举债意识，以及强化现金流量管理、统筹规划现金流量、提高资金使用效率的意识。

3. 经费管理的绩效导向势在必行

首先，世界各发达国家的发展历程表明，随着高等教育大众化及普及阶段的到来，高等教育的教育规模和政府财力的矛盾日趋尖锐，人们日益关心高等教育发展的规划、数量、投入、产出、绩效、产品的提供能力，以及对于社会的贡献和财政经费使用的效益，因此引入绩效管理理念势在必行。其次，随着知识经济时代的到来，人力资本理论的出现，知识既成为资本，也成为商品，人们开始逐步意识到办大学是一项经济投资行为。既然是投资，讲效益、求回报就是天经地义和理所当然的。始于20世纪80年代的世界高等教育的管理变革，把竞争机制、效益观念、企业经营理念以及顾客导向服务意识等市场因素引入到高等教育的发展中，追求绩效的管理与评价顺理成章地成为大学谋求发展的重要考量。在西方高等教育的初创期及精英教育阶段，高等学校更多的是追求学术价值，效益和经费管理都是羞于启齿、不屑一顾的，这种理念和倾向深植于高等学校的文化基因内，甚至今天还继续影响着高等教育的实践。为此，我们必须充分认识到，大众化和普及化阶段的高等教育及大学管理接受、运用和借鉴绩效管理、竞争机制、市场机制等理念，引入和借鉴企业管理的相应理念与方式的艰巨性，为此，更加需要我们理直气壮讲绩效、抓管理。从投资理论看，没有效益的投资就是最大的风险。

4. 绩效评价要防止办学目标和路径措施的混淆

绩效评价的内涵包括效率、效果和经济三个维度，即所谓的"3E"，现在再加上环境和公平两个维度，称为"5E"。就效果而言，高等教育办特色争创一流，其最终目的在于立德树人、提高质量、增进公平，与社会服务和需求对接，还要通过一流人才、一流成果来为创新驱动发展战略提供支撑，为经济社会发展提供服务，决不能因为终极目标相对比较难以评价，而过度地以重点学科、基地、人才计划、项目、奖项等支撑性、措施性和手段性目标的实现度来替代。除此之外，还应特别重视避免本末倒置现象的产生，把支撑性、措施性、手段性等目标作为首要目标来对待，要像区别不同目的地、不同路径一样，分清终极目标在支撑性、措施性和手段性目标的区别。同时评价应避免目标任务过于复杂化、标准化、指标化。人民群众对于高等教育是否满意，主要是看高校在办学和追求最终目标上是否作为，而不是过多地关心每一所高校所拥有的重点学科、基地和人才计划这些指标性情况。应健全评价机制，更加倚重对教育"产品"进行直接"消费者"（即用人单位）以及对非利益相关者进行第三方评估，以增强科学性与公信度。对各类型排行榜应进行科学而谨慎的引证，各类型、名目的大学排行榜虽然具有一定的参考价值，看似简单明了，但是各类型排行榜角度既有差异又有局限，如果引证不恰当，易造成误读与误导。

5. 经费使用流向需要进一步向内涵建设倾斜

政府与高校均应审慎评估，权衡、规划人才培养、科学研究、社会服务中的资源配置政策、经济政策与收入分配政策，恰当把握核心任务与其他职能、内涵与外延、大师与大楼、办学质量与办学条件之间的关系，让资金向特色办学、核心任务、内涵建设、队伍建设与办学质量上积累。人力资源作为学校第一的资源，目前高校预算安排迫切需要收入分配制度改革，国家与学校要使得高校教师收入在社会中居于中等水平。若教师的兴奋点与主要精力无法聚焦于人才培养、立德树人、提高质量这一大教学目标就很难达成。那种使教师本该全身心投入教书育人工作的能量仅用来搞创收的方法，其实是因小失大，很有必要对比进行总结与反思。高校教师要推行年薪制，要解决高校内"做和不做，做多和做少，做得好和做得不好一个样子"的问题，就必须同时依靠人事制度"能进能出，能上能下"的改革。"计工分"式的方法与思维，非但无助于化解所谓的"激励"难题，反而会促使人斤斤计较，无谓地加大了心理失衡，还会导致团队合作难度加大，和谐氛围难以构建。与此同时，高校教师在贯彻"按劳分配"原则时，素质也是一个绝对不可以被忽略的因素。高校收入分配改革要有助于克服功利、浮躁等风气，使教师能够安分守己、潜心治学、培育人才。

6. 确立风险管理意识

面对新的形势和任务，高校的财务管理必须认识到风险和效率的关系，就如同风险和收益的关系，是一个事物的两个侧面，没有风险就很难有高收益，同样没有风险也很难有高效率。在市场经济的大环境中，从事经营理财的风险是客观存在的，应该看到这种风险的必然性。这种风险包括：一是固有风险，如投入到高校学科建设和科学研究中的资金和资源，其产出具有不可回避的不确定性，这就是高等教育领域特有的，也是固有的风险；二是外生风险，如我们实证研究中揭示的高校扩招中政府基本建设投入不到位对高校财务运营带来的风险；三是内生风险，如在扩招过程中高校不顾自身财力，盲目贪大求洋的校园硬件条件建设，由此产生了巨额预算赤字带来的财务风险；四是共生风险，如高校在新校区建设中，政府、高校、银行共同作用产生的高校举债风险。

同时，我们也应看到风险是可以进行管理和防范控制的。我们的实证研究表明，即使在我国进入高等教育大众化初始阶段，政府基本建设投入缺失，高校出现较为普遍的债务风险，还是有不少学校因为事业发展目标任务定位适当，通过适度举债、统筹规划和有效安排资金存量，现金流量管理措施到位，财务风险就能控制在不影响学校正常运行的范围内。与此同时，学校的存量资金资源还得到了有效的使用，促进了其各项事业的发展。

（二）建立现代大学制度及相应的理财机制

为了将新时期高校财务管理的理念落实到实践中，我们需要重新评估和塑造与高校财务管理相关的大学制度及财务管理的体制机制，其中既涉及政府管理大学的方式，也包括大学自身的治理体系和治理能力，财务管理体制和机制，以及整个管理流程中的规划、决策、预算、执行、控制、评价、反馈、纠错、再规划等各个环节。

1. 高等学校应成为面向社会依法自主办学的法人实体

社会需求的多样性决定了办学特色的多样性。学科是高等教育和高校发展建设的基础，当今学科的发展，使"赢者通吃"成为不可能性。高等教育要有分层分类发展的意识，不仅不同高校要有不同的发展方式，同一高校的不同学科也必须有区别地实施分类管理及发展。以高校来说，每所学校由于其发展阶段、历史文化、发展定位、所处行业及地区等方面的不同，表现出了不一样的特点，这就是每所学校所面临的现实问题。在激烈的市场竞争环境下，每一所大学都应该遵循市场规律与办学规律，充分发挥能动性与创造性，一切从本校实际情况出发，理性选择一流大学与一流学科的建设之路，对学校各方面资源进行科学规划与统筹安排，主动作为，做出富有特色与创意的一流工作来，真正使每一所高校拥有自己独特的定位，为社会发展的某一领域或者某一侧面服务，拥有独特的办学特色，能够创造出令人骄傲并能够获得社会认可的一流学府。

如果目标定位过高，经费供给跟不上，成为无源之水、无本之木，财务风险就会迅速积聚，如同20世纪末21世纪初我国高等教育发展实践所显示的状况一样；如果目标定位不能扬长避短、突出特色，或者定得过低，就会在激烈的市场竞争中面临巨大的生存威胁。为此，高等学校必须成为面向社会依法自主办学的法人实体，有更大的目标定位及经费筹措、统筹安排的自主权。

2. 完善政府运用评价、激励和资源配置方式间接管理高校的模式

高校自主权呼唤着政府职能的转变。这些年，政府在转变政府职能中，依靠评价、激励和资源配置方式管理高校已经成为一种新的模式，取得了一定的成效，但是也呈现出一些问题，如在教育主管部门内，根据职能的不同各守一口，分别占有部分资源，进行评价激励、资源配置导向等方面的管理。这一导向通常不以学校的终极目标为直接对象，而以涉及职能部门的各项具体工作任务为主要对象，这些目标大多指向学校的办学条件、办学根基、工作计划和指标性结果等。这一取向尽管也具有促进大学发展的作用，但是它使大学逐渐淡化甚至失去了对学校最终目的的追求，庞大的资源配置利益决定了高校管理层必须将这些考核"指挥棒"作为工作目标与重心。在资源配置和现实利益的导向之下，高校依法面向社会独立办学的自主权难以落实，政府职能转变仅止于口头。更严重的是，这些指向明确的"指挥棒"，也造成了大学办学同质化的价值取向，构成了大学实现特色办学难以跨越的利益障碍。为此，政府有必要改进评估、激励与资源配置等间接管理方法，改变那种用或大或小的"指挥棒"来指挥大学教育的情况，改变大学疲于奔命地围在政府身边干这个或那个的管理思维定式，必须谨慎运用评价、激励与资源配置导向等手段，使高校能够沉下心来，自主地根据国家整体办学目标任务与市场需求，顺应高等教育的发展规律，利用办学资金与资源进行创造性、独到性的工作。

3. 完善高校内部治理体系和提升治理能力建设是当务之急

在思路与观念方面，要强调自上而下推进有余，对学校治理体系与治理能力建设上的欠缺要重点加强；注重发展外力驱动，增加对内生动力的构建与重视，同时内因与外因、治本与治标之间的关系有待重新审视与拿捏。在中国这么一个幅员辽阔、人力资源需求市场如此复杂的国度，单纯依靠政府的推动和管理是无法满足社会和市场需求的，必须把着力的基点放到高校自身的治理结构和治理能力的建设上，让高校真正成为遵循党的教育方针和国家宏观规划及法律法规、充满活力、适应市场需求的独立办学实体。要充分认识加强高校领导班子建设、督促高校内部治理体系建设、树立依法治校理念、提升学校自身治理能力等问题。

4. 建立和完善中国特色现代大学制度建设

大学从"近代"向"现代"转型的标志就是社会参与到学校的治理和办学中，大学的治理结构向社会开放是现代大学制度的核心特征。根据利益相关者理论，学生、家长、投资人、政府、高校、社会和市场都是高等教育的利益相关者，现代大学制度需要建立一个社会参与、多元平衡的治理结构，高校的治理权并不是完全交给政府、学校、市场中的任何一方。在我国的高等院校中，这种平衡机制的实现形式可以是理事会，理事会的成员应该由社会、政府、学校、学生等利益相关者的代表组成，理事会的职能是对学校改革发展重大事项进行咨询、协商、审议和监督。需要特别强调的是，我国公立大学理事会要发挥实质性作用，就必须有政府代表参与，这应该成为政府职能和角色转换中，切实倾听市场和社会呼声、履行举办者和主要投资者及出资人职责、加强对高校总体改革发展指导和监督的重要形式。党委领导下的校长负责制是中国特色现代大学制度的核心，要坚持涉及重大经费决策事项的集体决策制度。大学章程是高校治理体系中制度建设的统领。学术力量是高校办学的主要力量，必须坚持学术组织对涉及学科建设、人才培养等投入的知情权、参与权。民主管理和监督是内部治理体系中重要的组成部分，要坚持高校财务在学校内部的公开和透明。要按照人权、财权与事责对等的原则，推进高校内部的管理重心下移，加大学院和基层组织对事责范围内经费的统筹权，建立和完善相应的决策制度及监督制度。

5. 创新和完善高校内部的财务管理体制机制

根据现代管理理论和发达国家高等院校财务管理的实践，我们可以归纳出符合现代大学管理的高校内部财务管理体制的基本原则：一是高校内部的经费安排和使用权（或者说资金流向的决策权和具体的使用权）应该与相应的事责（工作职责）一致，要逐步从条线职能管理为主转变到以院系为主的扁平化管理模式，将管理重心下移，提高决策的效率，提升决策的有效性、针对性和准确性。校内的一级预算法人实体、二级预算部门和学院，以及三级预算机构都应该有与其承担事责相适应的资金流向的决策权和具体的使用权，这应该是校内预算单位可以向校部据理力争的最大"财权"，关系到能否保证在有限的经费投入内完成自身事业发展及任务的财力保障。二是高校内部的财力应该集中，或者说原则上一校只能有一个银行账号，任何校内预算单位应无权动用或者挪用预算执行中滞留、暂存或富余的资金，这既有助于高校法人对学校货币资金的统一管理，提高统筹安排和调度货币资金的效率，还保障了专款专用原则的贯彻落实和学校预算的严肃性。三是会计核算的集中统一，这里的"集中统一"主要是指实行统一的会计核算制度，这是保证会计信息质量的前提。高校管理实践中所谓的"分级核算"，其实质是为了方便广大师生员工而实行的会计委派制，实行分级报销、分级汇总，这种操作方式不可能免除或降低高校法人承担的财务监督和会计信息合法、合规、真实、准确的责任，也不应该影响会计核算的统一性、严肃性和会计信息的质量，更不应该给审核报销中执行财会制度和财经纪律留下随意解释的自由裁量权。四是高校内部执行的财经政策、法规、纪律必须是集中统一的。在强调依法治国的当今社会，财务监管需要进一步加强，校规必须符合国法，校内二、三级单位也必须遵守校规，决不能以开放财权为名，放松和削弱财务监管，违法违规。

要建立开放、透明、高效的理财机制，其内涵包括：一是要建设集体领导、民主管理、群众监督的公开透明的理财机制，保障财务信息的合理公开，这既是有效的防腐剂，也是有效的增效剂，可以促进经费的合理流向和有效使用；二是建立和完善内控制度建设，这是防范高校财务风险的基本保障，包括相关管理职责的分别设置，做到相互制约，完善授权审批制度，健全和完善会计系统，加强财产保护，规范财务报告制度，进一步强化预算管理、业务及财务活动分析、绩效评价和内部审计；三是健全与理财相关的预算管理、资金管理、成本管理、财务分析、国资管理、工资管理、财会业务处理等职能的机构设置和人员配置，加强人员培训。

市场机制可以促进服务经济社会发展理念的确立和大学自律，但我们也要防范市场机制的负面效应，如利益诱惑、精神价值追求弱化、唯利是图、平庸、狭隘、生意人等消极思潮的影响，特别是对基础学科及基础研究，需要遵循规律，网开一面，不能简单套用市场的机制，简单地评价投入与产出的关系。

第五章　高校财务管理创新路径研究

　　本章主要讲述的是高校财务管理创新路径研究，包括以下几个方面，分别是高校财务管理创新的国际借鉴、高校财务管理理念和观念创新和高校财务管理技术创新。

第一节 高校财务管理创新的国际借鉴

一、美国高校财务管理创新的做法

(一)建立不同的财务管理体制

美国私立大学实行分散型财务管理模式,大学所获资金多由所属院校直接支配,校部所拥有资金仅为各学院上交的一小部分,为人员工资福利支出、校舍建设维护支出等公共支出。二级学院拥有较大的办学自主权,财务方面属于相对独立核算单位,它们既是办学实体,又是管理重点。

美国公立高校普遍采用集中型财务管理体制——学校预算管理,经费来源及支出控制权限主要集中在校级单位,由院级申请资助,列入校级预算并由州政府批准。历来州政府对于州立学校都是有严格的预算控制的,虽然近年来很多州都相继下放了权力,但还是尽量控制开支。比如,州政府核拨了一定经费限额给学校,而不是把资金直接转交给该校,该校巨额开支需要在批准的限额内报销给州政府。这一财务管理体制有利于校级甚至政府集中管理控制,而不利于院系级预算管理、经费筹集与支出控制积极性的发挥。

(二)建立财务绩效评价体系

美国高校财务绩效评价由来已久,甚至可追溯到20世纪初高校声誉排行的研究活动中,而实质性发展则始于20世纪60年代。由于当时新建大学的不断出现,如何提高对教育经费和办学物资这类有限资源的管理水平已成为美国大学财务管理迫在眉睫的问题,多种资源配置方式的出现,也就成为高等教育绩效评价研究的重点。伴随而来的"资源需求预测模型等",以生均学分成本为院校效率基准,有助于高校财务人员明确拨款重点与绩效水平。到了20世纪80年代,政府更为关注高校结构中比例最大的州立高校,各州高校逐步采用以绩效拨款、绩效预算、绩效报告为主的绩效责任考核机制,并且更重视对比资源的利用效率和促进其财务管理。到2000年,美国已有37个州的高校拥有财务绩效评价体系,相应指标最多可达 37 个，通过总的学生学时、单位成本、教学人员的工作量、生产率和其他绩效指标使得各大学的资金使用更能体现效率原则。

（三）创设宽松、灵活、开放的筹资环境

美国高等教育中政府拨款的比重不大，平均政府拨款约占高校总收入的二分之一。这一现状基本上和我国高等教育类似，只是政府为大学提供了一个更为宽松和灵活的筹资环境。

采取税收政策手段，鼓励私人机构对高校进行捐赠和投资。美国法律要求，任何人对教育的捐赠均可抵缴所得税。这一政策原本以各种教育形式为对象，但是最受益的对象通常都是大学，这是因为大学是培育精英的摇篮，精英通常也是多数捐助的对象。

以税收优惠减少高校开支。美国许多州规定高校采购可免缴销售税，单这一项就能节省高校采购约一半支出。

争取多种渠道的科研经费。美国联邦政府、州政府和公司企业每年委托各大学承担大量科研课题，科研经费规模庞大。为此，高校积极寻求多种渠道的科研课题，科研经费也就成了它们办学资金的主要来源。

允许大学发行债券。高校所发行的债券通常因为风险比较低、社会效益比较大而受到人们的喜爱。高校债券的发行和企业债券的发行在机制上基本相同，是否出售、利率的调整等均由企业信用等级来决定。因此，各高校通常会对自身的信用建设非常关注，经常申请信用级次评估，并利用自己的信用等级将债券直接对外出售。购买大学发行教育债券可获得税收优惠，这也是大学债券得以发行的重要因素。

让大学投资创收。美国各大学财务部门均有一个投资办公室，具体负责对校内各类基金进行投资和管理，同时还负责对校内暂时闲置的资金进行投资增值。按照美国的法律，非营利高校的投资所得免税，所以投资收益就构成了高校的重要资金来源。

学费管理是完全独立自主的，是完全由市场机制所决定的。美国私立大学学费标准全凭校方根据教育培养成本而定，不需要审批；公立大学学费经校董事会

审核同意后送交州政府存档，也基本上由各校自行决定。与私立大学有所区别的是，公立大学的学费和州政府拨款有关，基本上就是呈现出此消彼长的态势。如无特殊原因，学校增加收费，州政府将适当削减拨款。因此，各校从招生需要出发，通常不会随便提高学费标准。

（四）明确科学、严格的预算

高校预算有经常费用预算与建设性预算之分，它们是单独编制的，是为了保证高校的正常运行。经常费用预算有着一套比较复杂的公式，其主要参照依据就是按照各院校所设各专业的学分小时的单价来进行测算，自然还要考虑到各校招生数量。建设性预算由州议会按项目上报，并结合州政府的财政状况及各大学的实际情况逐一批准。因此，大学往往有一个筹资办公室，用来游说州议员及州长，以期望他们能支持该校的预算方案。

预算控制严格。学校财务处设有专门控制办公室，在校内所有预算单位设预算员负责本单位预算的执行工作，没有一个单位可以突破预算。高校校长虽然拥有部分机动资金，却没有权力使用，这些机动资金的使用必须得到校董会的批准，才能用于特殊情况。

预算一定要均衡。美国人力成本较高已是有目共睹的事实，因此高校财务支出的主体部分就是人员工资，通常超过75%，裁员常常成为高校化解预算和现实矛盾的优先选择，通过调整人员经费和适当增加学费标准，对经常预算平衡进行调整。当然，学校基本建设、大型设备更新等问题都是靠发行债券、筹款或从银行借款等办法来解决，从而调节了建设预算平衡。

具有标准的预算编制过程。在美国大学看来，预算编制过程就是学校计划事业的发展历程，它既是预算管理的基础，又是自身财务管理得以有效开展的基础，因此美国大学预算具有严格而规范的预算编制流程。美国各大学纷纷在财务处成立预算管理办公室，来执行相关的预算编制工作。美国大学预算需要提前一年制定，而且准备时间比较充足。它的预算年度是从每年7月1日至次年6月30日，财务处在编制时还要经过校长、校董事会、州高教委、州议会等部门层层审核论证。然后，州长在6月份前进行最后审批，审批后的预算各大学必须无条件服从，有较强的强制性。更合理的是，如果大学收入预算出现余额，则可结转到下一年。

具有专业预算管理机构。美国各大学在具有规范编制程序的同时，也成立了预算管理专门机构来监督检查学校预算的执行情况。预算管理机构还可以在这一过程中了解预算编制方面是否存在问题，并推动学校在校内资源有限时改善其科研与公共服务活动，并且能及时、准确地将预算执行的情况提供给学校有关部门，从而使学校财务咨询质量得到相应提升，使学校实施全面预算管理成为可能。

预算年度。美国各大学一般都把学年当作预算年度来考虑，并把对应的高学年当作会计年度来考虑，每年都要根据学年来制定预算及财务报告。美国各大学将学年作为预算年度和会计年度（9月1日至下年8月31日）的计算依据，因为学生多数在9月入学，并且按照学年支付学费，因此很容易编制预算和财务报告。另外，对公立学校来说，这和政府财政年度（一般为7月1日至翌年6月30日）是协调一致的。

预算方法。美国大学有多种预算编制方法，特别是纽约州立大学石溪分校，学校不仅根据收支对象和职能编制了学校总预算，而且根据校级各负责人（校长、教务长、副校长）的管理和控制权限单独编制了收入预算，又根据校级各负责人所负责的科室、院系和项目，分别制定分部支出分配预算，形成了一个完整的预算体系。这一预算体系对理清学校预算管理职责、严格预算管理、加强支出控制等方面进行了有益的探索。

从全面预算管理的角度来看，美国大学主要有两种预算管理的方式：一种是模型公式预算，大学的主要支出项目通常有教学、科研、公共服务、图书馆及其他学术支持设施，提供学生服务、日常支出以及设施的运营及维护问题。这些项目预算方法主要采用了一些典型预算公式，预算公式参考标准主要依据在校生规模。另一个是绩效预算，这是面向目标、衡量项目成本、评价部门与项目绩效的预算方法。有关绩效预算的构想是，美国大学要引进现代企业财务管理基本手段，美国大学也在试图设立责任中心制度，使得校级部门及各学院都变成"成本中心"或者"支出中心"等，其目的是用现代企业财务管理方法，在高校财务管理过程中进行有效的预算管理与支出控制，从而使资金使用效率得到提高。

（五）重视支出管理与节约开支

执行严格采购制度。学校物资采购除了零星采购以外，通常都是以数额为限进行多家报价或者招标。审计机构通过年度审计来保证每笔交易都合法。

重视校产管理与养护，提高资产使用寿命，降低校产更新开支。比如，国外许多高校就有红砖砌成的房屋，这些房屋都是 100 多年以前的建筑物，但是依然干净如新，这其中除了房屋建设质量较高之外，管理维护也是一个非常重要的因素。学校将物业管理的社会化，将用水、用电、绿化卫生和安全保卫工作公开承包给社会，社会资源得到了充分的利用，管理效率得到了提高，管理成本有所减少。

预算控制开支。美国各大学在开支方面均有严格的预算管制，除极为特殊的情况外，开支不允许超过预算管制金额。当预算收支失衡，收入不能满足开支时，就会被迫采用裁减职工、专业和压缩缩小招生规模的办法。从人员支出上看，一些公立学校机构臃肿、人浮于事，于是通过任用兼职教师和临时工作人员来降低工资和福利待遇的负担，以节省人员支出。

结算中心对开支的控制。在分散型财务管理体制中，如哈佛大学，每个系都有单独预算，这就不便在学校层面控制开支。在此背景下，该校成立了校级结算中心，将全校收入通过结算中心进行集中，最后控制开支。

建立信息管理系统以提高管理效率和节约支出。例如，哈佛大学与宾夕法尼亚大学现正在积极准备信息网络管理系统的建设，对全校财务、人事及学生事务进行网上管理，以提高全校管理效率和节省全校开支。但是因为该系统建设成本较高，何日完成还有待进一步研究。

鼓励各高校大批聘请兼职教师。聘用兼职教师不仅可以节约开支，还可以增加高校教学活动的生机。美国各个大学纷纷制定了外聘兼职教师方案，每年聘请一批不同专业的专家以及实践经验丰富的操作能手担任兼职教师，这既能有效地丰富大学生的课堂，又能提高大学生与社会接触的机会和就业竞争力。

（六）重视财务管理信息的分析与共享

例如，美国北伊利诺大学财务研究办公室每个财政年度编印一本《Data

Book》(《参考资料手册》),2001—2002 年的《Data Book》中分招生、学生结构、录取与新生特点、学位授予、教职员工、财务与学生成本六个方面,将学校的财务状况和管理信息进行了汇总,对学校的财务政策加以介绍,还对学校的财务运作效果进行了分析。预算管理实现了网上查询,大家可以通过手机随时了解预算的执行情况。财务部门每月进行一次预算执行情况分析,对专项经费执行情况分别进行分析并形成分析报告,这充分体现了公开、公正和公平原则。

二、英国高校财务管理创新的做法

(一)建立拨款机制

英国绝大部分大学都是公立大学,办学经费以政府拨款为主,由高等教育拨款委员会(HEFCE)将资金拨付给高校。在大学接受政府拨款时,根据预算将其直接拨付到各个二级学院,学院根据占用资源向学校上交部分经费用于日常行政经费支出。还有一些大学接受拨款时,先从预期行政经费中扣减,其余经费在院校间分配。

(二)重视学生贷款

英国的学生贷款是指政府资助学生解决高等教育过程中生活费用的贷款。贷款并非无偿提供的,学生先从政府那里借到一笔钱,在完成学业工作并取得一定收入之后,才会将这笔钱归还政府。在英国的公立大学和私立大学中,大学生如果不满 50 岁,每年可从政府获得 3000 英镑贷款,它不受学生家庭经济状况的影响,全凭学生个人的力量。学生在毕业时需要分期还款所贷款项(一般还款期为 5 年);个人收入不足国民平均收入 85% 的,贷款可延期还款;如 25 年内仍不能还清,或年龄已达 50 岁,则注销贷款,不需还款;当其年薪在 1 万英镑以上时,应缴纳所得税。在此基础上,满足以下条件者也可得到不需要还款的贷款:如伤残、有孩子、学习生涯比其他人更久等。

(三)建立放权型财务管理体制

在英国,教学与科研所需经费以综合补助款的形式分配给各学校或院校,只要是为了支援教学、科研等各类活动，各学校或院校都可根据自己的需要自由支配资金，维持高校自主的传统。也就是说，尽管英国高校在资金上多由政府提供，但是政府对于高校财务经营却采取了只补贴而不管制的政策。

高等教育基金委员会将于同年下半年向各学校发出下一年度的预算计划编制通知，各学校收到通知后将必要的预算计划及相关基础数据根据自身需要进行填报，高教委员会对搜集到的报表进行分析总结，提出修改方案，再发回到各学校，各学校再作相应调整或者提出不同意见，重新向高教委员会报告。几经反复之后，高教委员会按议定的基金分配办法并依据批准的学校预算计划及基础数据，测算出各学校的经费需求，汇总后征求政府意见，经政府预算同意后方可正式分配高校拨款额度。

英国各大学所获得的教学款项包括高等教育拨款委员会的拨款以及学生学费。分配拨款方法是：按各学科教学花费划分4个价格组，不同价格组均存在费用权重系数，高校管理层有责任确保政府拨款在财政备忘录框架内得到合理利用；大学必须任命一名会计主管，定期就政府拨款的用途向大学管理层报告，有时还可能请会计主管和高等教育基金委员会主管就高等教育拨款的拨付和使用情况向议会下院报告（表5-1-1）。

表5-1-1　英国高校经费拨款权重

价格组	学科范围	费用权重 旧	费用权重 新
A	医药、牙科、临床课程和兽医科学	4.5	4.0
B	以实验为基础的学科（工程和技术等）	2.0	1.7
C	需实验室、工作室和野外工作的学科	1.5	1.3
D	其他学科	1.0	1.0

英国大学财务管理分为校级、院级和系级3个层次，校长、院长和系主任在其财务管理范围内各司其职：校长主管全校预算，院长主管学院预算，负责向各部门拨付资金，系主任控制本部门支出。资金预算主要由学院承担，分配机制注

重与工作体系相衔接，赋予院长、系主任在人事、财务、管理等方面的完全自主权，学校各个职能管理部门只负责服务而无决定权。

（四）重视财务绩效评价

英国高校财务绩效评价工作的开展早在20世纪70年代后期就已见分晓。当时英国经济滑坡严重，生产力整体下滑，造成财政赤字频发，政府财政拨款作为其主要资金来源的英国各大学也面临效率低下的难题，不能根据社会需求供给充足的优质人才，且脱离工商业，市场竞争不激烈，是当时撒切尔政府成本核算的针对对象。作为公共部门如何提高业绩，用最节约的方式，花费最少的金钱，提供最好的服务已成为英国各大学在改革进程中不得不面对的一大课题，并逐步将公共部门绩效评价提上政府日程。纵观撒切尔与梅杰时期，形形色色的高等教育报告书、绿皮书、白皮书以及法律不断涌现，这些报告中都有对高校绩效进行不同方面的评价，尤以1985年的《大学效率研究指导委员会报告》最为著名。这份报告以大学领域资源分配与使用效率为研究对象，向当时承担教育经费拨款任务的组织——大学拨款委员会、大学校长委员会以及各大学校提出建议。在向大学拨款委员会及大学校长委员会提出建议时，明确了一系列包括投入产出在内的绩效指标，使其在各高校中得以推行，并将其用于各高校间的比较。这份报告对高校绩效评价指标进行了归类，体现了学校本身特色的内部指标，体现了高校学科和社会发展融合度的外部指标，体现了办学运营效益效率状况的运行指标。其中，财务绩效评价以运行指标为重点，并通过其生均成本、设备利用率等特定指标反映高校取得资源的经济性、利用资源的效率性以及达到目标的效益性。英国政府十分积极地肯定以报告所建议的以绩效评价方法为手段来完善大学财务管理，认为绩效指标定期发布有助于大学间相互比较，能够提高高校财务管理工作水平，推动公共资金有效利用。1986年大学校长委员会联同大学拨款委员会又将绩效指标进行归类：反映大学可利用资源的输入指标，如人力和资金；反映高校办学中相关资源的使用率和管理行为的过程指标；反映大学教育产出质量的输出指标。以上指标较总体上反映了高校办学的各方面情况，影响较深远。

（五）由董事会监督高校理财

在英国，每所大学均为独立主体。大学校长不受政府委派，而由社会名流构成的校董事会决定。校董事会负责学校的开发、建设，学校的整体管理和教师聘用。各高校各自颁发文凭，全国无统一标准。校董事会委派管理人员处理日常校务。大学董事长的任期一般是 4 年，可以连任，但是为了吸收新人和引进人才，一般只担任一届。校董事会一般由 30 人组成，其中包括学术代表、学生代表和商界人士。

在英国，大学与学院都是独立实体，可通过多种渠道独立筹措经费。而对高等教育总体而言，英国高等教育拨款委员会拨出经费、筹措公共资金以及收取学费，这些都是高校教育基金的主要来源。英国大学内预算安排与管理异常严密。以伦敦城市大学为例，该校设立了以大学教职员工及校外社区成员为主体的校董事会。在财务上，校董事会主要职能为：讨论并通过年度学校预算、对学校财务收支进行监督、听取财务、审计工作相关报告，确保学校财务管理工作依法进行，让学校经费投向满足学校长远发展需求的项目。为了更加全面地阐述英国高校财务所处区域及使用经费的状况，以伦敦城市大学国王学院的财务进行举例说明。根据法律规定，国王学院的管理分为两部分，即管理理事会和学术理事会。其中，负责财务管理工作的是管理理事会下设的财务管理委员会，它负责对学院财务运营进行有效的管理与控制，并对理事会提出关于管理学院资产及收益的建议，对财务管理条例进行调整。财务管理委员会还设有投资管理委员会管理学院运期（一年以上）资产。学院院长、财务部领导为主要人员。根据规定，学院院长为指定负责人，所有财务预算和结算报告必须经院长批准，但日常财务管理由财务部负责。国王学院财务部设财务主管 1 名，财务管理人员 106 名。

（六）重视科研经费的管理

在科研经费管理方面，各学院不允许私自开设银行账户，一切收入和支出都要由高校账户统一管理。科研经费最主要的来源之一就是政府拨款，高等教育拨款委员会所管辖经费必须专款专用。就伦敦城市大学国王学院而言，任何资金在流入国王学院之前都要经学院财务主管、总会计师或有关领导签字批准。学院对被采纳的项目设立院内账户，向项目负责人通报情况，与项目相关的一切支出均在校项目账户中支出。各课题负责人须事先将本财政年度签字人名称和签名笔迹向财务部门提供，申请开支人不能与签名人相同，1万镑以上的支出须由两名签字人同时签署，经财务主管批准后方可执行。在学院教育资产方面，以政府拨款为主，捐赠及自身增值为辅，产权归属学院，学院成立了房地产战略管理委员会，由学院房地产管理办公室负责资产管理，增加或出售资产均要经过理事会批准，资产管理进入各年度财务预算及结算。它的监督同其他财务行为一起，既受学校内部审计的监督，又受外部审计的监督，还受学院理事会的监督和制约。

三、澳大利亚高校财务管理创新的做法

（一）重视高校自主管理与宏观管理

澳大利亚政府非常尊重高校的办学自主权，在财务管理上，按照责、权、利三者统一原则对高校进行宏观控制和目标管理，并放权给各个高校。各校有充分的自主权，可以根据市场变化，结合本校实际，自行调整学科专业结构，制定招生计划；学校可以根据各专业人才市场需求情况，自行制定学生收费标准；对国家划拨的资金，学校在使用上有着较大的自由度；学校还可以自主制定教职员工分配政策（包括工资、奖励政策等）。简而言之，就是学校有很高的自主权，同时又需要保证完成国家教育事业的各项任务，真正做到了责、权、利统一，大大激发了高校的办学热情。

（二）重视多渠道筹资

在澳大利亚，联邦政府通过教育部、科学部和培训部直接管理大学，并负责分配联邦政府的教育经费。联邦政府采取了各种措施来资助大学的教学和研究工作，这就是高等教育贷款计划，为学生们提供贷款来支付学费和鼓励学校培养海外自费留学生，使高校得到政府有关政策的支持与鼓励，多方集资，为学校的教学、科研提供保障。

澳大利亚政府把高等教育看作非义务教育。受教育者本身享有接受高等教育

的权利，同时这又会为将来提供更多更好的就业机会。由此，大学生通过享受大学教育来提升个人能力与层次，实质上就是一种个人获益的行为。政府在学生教育成本问题上采取了由政府与学生共同分担的方针，即：凡享有高等教育的本、专科学生和研究生都要向学校交纳一定的学费。它的收费标准是由受教育级别来确定的，也就是说受教育级别越高，学费收费标准就越高。

政府鼓励各校利用科研水平较高等优势从国家及部门获得科研项目经费；鼓励各校大力推行各种有偿社会服务；鼓励各学校增加同企业之间的接触，并以各种方式取得由企业设立的各种资金；政府也鼓励校办实业，对校办上市公司和校办工厂进行扶持，同时提供一些优惠政策。

（三）重视政府贷款

每一位希望进入大学就读的学生均可向政府申请教育贷款，以支付求学期间的学费及生活费。贷款偿还方式为：当学生毕业后参加工作并有偿还能力（年收入达一定的金额）后，逐步从其工资中扣减。澳大利亚高校学生贷款均由学生与银行直接接触，手续十分简便，校方不承担连带责任。

（四）重视副校长委员会作用的发挥

副校长委员会为全国性民间组织，由各高校独立发起，自愿组成。由于在澳大利亚正校长是皇室成员，其职位带有名誉性的特点，实际主持学校工作的是常务副校长，所以这个组织实际上就是澳大利亚校长委员会。该机构的主要宗旨是：在促进澳大利亚高等教育事业发展的过程中采取自愿、合作与协调等形式。澳大利亚政府与学校都十分重视该机构作用的发挥，政府经常通过这一机构倾听各大学就政府教育政策所提出的建议，交流并协调同学校之间的各种关系；学校还通过该机构对高校发展过程中出现的若干新情况、新问题进行调研，并将各种观点、诉求反映给政府，协调一致后再采取行动，切实保障本校权益。例如，各机构每年向政府询问高校拨款的比例问题，并争取在与政府的交涉中能够获得更多的资金及政策支持。这一机构也是政府在高校决策中的参谋、咨询机构，在政府和学校之间起到纽带作用。

（五）建立集中型财务管理体制

澳大利亚所有高校均设财务部，由学校统一领导，它们有着统一的制度，集中进行核算，该校在每个系采用预算指标控制的办法进行财务管理，即集中财力、下放财权。院系享有预算指标所要求的自主权，学校财会人员实行校财务部集中管理的办法，下属院、系部一般没有财会机构或财会人员。学校各部门会计核算由会计电算化网络完成。先进的电算化网络系统、发达的银行结算系统，为澳大利亚的大学财务管理体制提供了可靠保证。澳大利亚的大学资金分配以三年起为基础，按全日制在校学生人数每年向各高等院校拨付，以此确保高等教育机构获得三年内执行其计划的基本资金，大学必须在年底前用完资金。1989年的预算中引入了"单线运行拨款"方式，使大学在保持和联邦政府目标一致的条件下，可以灵活地安排资源使用。大学的运行拨款被用于联邦和大学间构建的框架内。为了使运行拨款能反映不同大学的学科结构，1990年出现了相对拨款模式，并将是作为调整大学拨款的基础，该模式可以确认不同学科成本的差异。澳大利亚拨款模式是考虑了学科（分5个学科群）以及教育层级（分本科、其他研究生、研究型研究生）的不同而给予了不同的权重。

（六）建立以政府拨款为主与多渠道筹资方式

澳大利亚高等教育经费以政府拨款为主，以学费收入及社会捐赠收入为辅，教学科研服务收入通过各种渠道补充。

（1）政府拨款占总收入的50%—70%。一般情况下，政府给高等学校拨款都要依据学校各性质专业培养成本和学生人数等综合因素确定拨款总额。

（2）学费收入占总收入的20%左右。由于学费标准由各学校自行决定，且学校类型（公立与私立）不同，学生专业不同，所以学生缴费标准也不一样。例如，在澳大利亚，本、专科生通常每年仅需支付培养成本的1/3左右，但商学、法学、医学等热门专业却要支付大部分或全部学费。但是对某些研究性或冷僻的专业，校方会给予特别奖学金来确保这类专业有更多的新生加入。

（3）有偿社会服务收入占总收入的10%—15%。各校更加注重发挥自己学校在智力、技术及设备条件上的优势，积极开展科研项目、科技开发、科技咨询、教育培训及其他有偿社会服务，一些学校也创办经济实体和私立性质学校来壮大经济实力。

（4）社会捐赠、赞助收入在5%—10%。以社会团体、校友为主，私人各种捐赠与赞助为辅等。近年来，联邦政府对高校的投资在学校总收入中所占比例在逐渐下降，学校自筹经费所占比例在逐渐上升。

（5）提出以国际教育市场开发为重点的教育国际化口号。澳大利亚各大学都很重视开拓国际教育市场，积极进行国际交流和大力接收外国留学生，留学生在全部学生中的比重也在逐年上升。澳大利亚留学生主要来自中国、新加坡、马来西亚、印度尼西亚、印度、泰国、朝鲜、日本、美国等80多个国家和地区，主要学习商科、管理学和经济学。澳大利亚留学生收费标准通常比培养成本要高，而学校可以从这些收费标准中得到一些收益。因而，留学生教育已成为澳大利亚高校收入的重要来源。

（七）重视成本与效益管理

澳大利亚绝大部分为公立大学，经费来源和我国教育部直属大学相似。各高校都执行着严格的财务预算管理，而学校的经费安排及运用都与其发展战略有关。澳大利亚高校的财务支出主要分为两大类：日常运行支出和项目支出。日常运行支出主要有：教学活动相关支出，包括教学人员工资和教学业务费用；科学研究活动设计的费用，包括研究人员工资、研究材料和其他支出；管理和服务保障系统各项活动所涉费用，包括学校管理部门工作人员工资及运行费用、后勤保障系统运行费用等；项目支出主要是指设备购置、房屋建设、维修等专项支出。澳大利亚高校日常运行支出比重较高，一般都在90%以上，项目支出比重较小，这和国家高校规模较为稳定、基础设施较为完善有一定关系。日常运行支出中超过60%的比重是人员经费支出。

澳大利亚各高等院校一般较为注重学校办学资金的使用效益。它们所采取的主要措施就是通过对财务预算进行系统而严格的管理，确保学校发展目标得以顺利达成。多数学校以特定教学研究单位（如学院、研究中心等）为成本中心，并在确定其目标和任务的情况下向教学研究单位下达相应的费用限额，其中包括教师工资和日常运行费用。这不仅促使下属单位在开辟财源上狠下功夫，而且费用支出也得到可以有效控制。澳大利亚各高校广泛使用大型应用软件协助学校进行资源配置，如西悉尼大学资源配置模型，就是通过使用这些应用软件使学校财务管理及经费使用更加科学化。

第二节　高校财务管理理念和观念创新

一、高校财务管理理念的创新

（一）法律理念

随着我国的不断发展，法律观念逐渐得到强化，在十八届四中全会上，提出了依法治国这一方针，法治国家建设也逐渐成为重心。我国是社会主义国家，所以要在坚持社会主义的基础上，不断完善社会主义制度下的法治建设，使其发展成为具有中国特色的法律体系。坚持依法治国，使我们国家的法律可以不断完善；坚持法治国家的建设，使我国可以在法律方面取得巨大的进步。在立法的时候要注意科学性，在执行的时候要注意严格性，从而使全民守法的氛围得以形成，促进国家现代化建设，提高国家治理能力，从而使我国的改革开放可以更加顺利地进行，使我国的战略布局可以更加有效地实行。

作为倡导、引领和推动社会发展进步的高校，在全面推进依法治国、建设社会主义法治国家的当下，应当积极响应和坚决拥护党中央的决定，全面树立法律观念，强化依法办学、依法管理意识，倡导、引领和推动全面依法治国战略的实施。

首先，高校应当真正树立法人主体观念，凸显法人主体地位。高校的法人主体地位自1999年1月1日起施行的《中华人民共和国高等教育法》（以下简称《高等教育法》）就确立了。《高等教育法》第三十条明确规定："高等学校自批准设立之日起取得法人资格，高等学校在民事活动中依法享有民事权利，承担民事责任"[1]，并赋予高校享有招生、学科专业设置、教育教学、科学研究与社会服务、国际交流合作、机构设置与人事管理、财产管理与使用七个方面的自主权，并承担相应的责任。高校树立法人主体观念，除了要依法进行事业法人注册登记外，还必须对高校的校名、校标、徽章等商标、标识进行注册登记，对土地、房产等

---

[1] 张正体. 高校财务风险探讨及对策 [J]. 经济研究参考，2004（85）：36-40.

进行产权登记，并以法人身份开展与高等教育相关的教学科研等活动，维护高校事业法人的社会形象和合法权益，防范其他法人或个人盗用高校事业法人的名义从事相关活动。

其次，高校应当建立现代大学制度，完善法人治理结构。作为法人，高校应当按照法律法规的规定，通过建立健全现代大学制度，不断完善事业法人治理结构。《国家中长期教育改革与发展规划纲要（2010—2020）》（以下简称《教育改革与发展规划纲要》）明确要求，高校应当建立现代大学制度，推进高校自主办学、依法管理。在法治社会里，高校跟企业一样，必须在国家法律法规框架下依法运营、依法管理。自我国的市场经济体制确立后，企业尤其是国有企业已逐步按照市场经济的规范要求建立了现代企业制度，企业的经营管理逐步走上法治化轨道，并适应了在市场经济环境下依法开展经营活动。大学作为事业法人组织，也应当按照法律法规的要求，建立现代大学制度，推进高等教育现代化。国家采取了一些宏观的政策，对大学的制度进行监管和调控，这也是核心。通过现代的大学制度，使大学可以自主办学，并且能够采取科学的方法进行相应管理，关键是可以通过科学规范的制度安排，处理好内外部各种关系。通常认为，现代高校制度的构架主要包括两个层面：一是宏观层面，即学校的外部关系，这涉及高校与政府、高校与市场、高校与社会的关系，从而形成政府宏观管理、市场适度调节、社会广泛参与、学校依法自主办学的外部环境；二是微观层面，即学校的内部关系，这涉及行政管理与学术研究、校长与教师和学生的关系，从而建立校长负责、教授治学、民主管理的制度框架。

最后，高校应当建立健全规章制度，做到依法办学、依法管理。高校应当按照国家法律法规的要求和高等教育规律、高校办学特点和管理需要，建立健全相关规章制度，依照规章制度办学、做事、管人，做到依法办学、依法管理。在这里，关键是要制定好高校章程，并依据大学章程和国家法律法规制定好高校的相关规章制度。高校章程是大学最基本的规章制度，是现代高校制度的重要载体和大学治理的基础，也是保障大学自主办学权利的基础，被誉为高校"宪法"、高校"基本法"。在《高等教育法》中明确提出高校章程的基础性地位，《教育改革与发展规划纲要》明确提出要加强大学章程建制，2011年教育部的《高等学校章程制定暂行办法》强调章程对建设现代高校制度的架构性和基础性作用，规定了高校章程制定的宗旨、原则、内容、程序以及核准和监督等重要事项。为此，高校章程应明确规定大学的管理方式、治理结构、教育教学秩序和师生员工权利义务的维护以及纠纷的解决和救济方式等内容，以规范和优化治理结构，促进内涵式发展，将高校和社会之间的关系认清楚，将大学和政府之间的联系理清楚，依据法律对高校进行管理，充分利用现代高校制度，将高校的功能充分发挥出来。高校需要将相应的制度制定出来，按照高校的实际情况，包括其在管理方面的需要、在教育方面的规律等，无论是资产和财务、预算、经费方面的管理，还是内部的审计以及各种核算，都需要相应的制度来对其进行保障。

（二）市场主体理念

时至今日，仍然有不少人士尤其是高校内部的教职员工，还存在这么一种思想观念：高校是非营利的事业单位，其主要从事人才培养和科学研究，是社会再生产中的精神产品生产部门，它属于公共产品；教育事业是社会公益事业，其所需要的办学经费应由国家财政拨款提供，并不需要与市场有过多的接触，更不应把高校作为市场主体来看待。有的人甚至认为：将高校视为市场主体，与学术自由背道而驰，就不能保持学术独立性，将会把高校办得不像高校，教育产业化就是一个很好的例证。这里有三个认识误区：一是公共产品属性认识的误区；二是高校功能认识的误区；三是对市场的认识误区，从而导致对高校参与市场活动的认识错位。

根据公共产品理论，社会产品根据其特性可分为公共产品和私人产品。其中，私人产品具有竞争性、排他性、独占性，必须等价交换才能取得或享用；公共产品具有非竞争性和非排他性，但具有外部性（即非独占性），通常不需要按照等价交换即可取得或享用。教育具有公共产品的属性，属于公共产品范畴。教育有分类，我们通常将其分为两类：一类是基础教育，还有一类是高等教育，其中公共产品属性非常完全的是基础教育，并且其属于纯公共产品；高等教育具有较大的外部性、竞争性和排他性，属于混合产品或准公共产品。高等教育有利于提高一个国家、一个民族的科学文化素质，促进社会进步和经济发展，也能够使受教育者由于个人科学文化素养的提高而在将来获得更多货币、非货币收益，具有很强的外部性。不仅如此，目前我国的高等教育并不是处于一个相当成熟的阶段，很多青年并没有上大学的机会，这就说明了我国的教育资源仍旧存在欠缺，无法满足所有适龄青年上大学的需求，这就使得进入大学必须要进行选拔，从而体现出一定的竞争性，其经费往往是由各方共同提供，政府承担一部分，社会承担一部分，作为受教育者的个人也要提供一部分，也就是说必须要将教育成本进行合理的分担才行——政府提供高等教育运行和发展的基本经费，社会公众和企业组织通过捐赠等回馈支持高等教育，受教育者通过缴费上学适当补偿办学成本耗费。

现代高校具有人才培养、科学研究、服务社会和文化传承的基本功能，现代的高校培养的人才往往是研究型人才，大学非常重要的一项功能就是进行研究，通过相关的科学研究来服务社会，不仅如此，大学还能对文化进行传承，对知识进行传播，从而促进社会的发展，对社会的进步起到引领的作用。大学的这四大功能相互联系、不可分割，而且这些功能的发挥都需要耗费各种资源。大学作为非营利事业单位，要履行好这四大功能，必须有相应的渠道取得必要的资金和资源。人才培养作为大学的基本功能，通过教育成本分担机制，分别由政府、社会和受教育者共同分担和提供，但人才培养的数量与质量、种类与结构都必须符合经济社会发展的需要，这样政府和社会才会提供资金予以支持，受教育者才愿意付费接受高等教育。科学研究作为大学的重要功能，除了要符合科学技术发展规律、探索科学前沿外，还要依据经济社会发展需要进行应用科技开发、解决现实经济社会发展问题。政府和企事业单位设置的研究项目都是有明确目标指向的，高校必须向政府和有关部门单位申报研究项目，才能取得相应的研究经费支持。社会服务作为人才培养、科学研究功能的延伸，高校要利用人才密集、知识密集和信息资源等优势，通过向社会提供教育科技等服务，推动经济社会发展和科技进步，在服务中取得高等教育发展需要的资源。

在市场经济环境下，高校的各项办学活动都与市场密切相关。高校与政府、社会、企业、受教育者的关系在一定程度上表现为一种供给与需求的关系。高校应树立市场主体观念，主动适应市场经济发展，不能仅仅只靠政府的财政拨款，而要多渠道筹集办学资金,一方面必须充分发挥大学的服务社会功能,通过服务社会、服务经济建设,才能获取办学所需要的资金;另一方面必须主动融入市场,根据经济建设和社会发展的需要,按照市场经济规律和市场规则,提供社会服务,取得等价的服务收入。

(三) 全面核算理念

高校虽然已经不再处于市场的边缘位置,并且逐渐走向了中心,其仍旧需要遵守一定的机制,市场需要对资源进行合理的配置,那么高校也是一样的,只有筹备更多的资金才能使教育事业更加合理的发展。面对有限的公共资源,同时又面临着对公共服务无限的需求,合理地对资源进行分配是十分有必要的,并且应该发展多方渠道,使资金可以筹备得更加充分。作为高校,应该更加全面地对资金进行核算,不仅是对有形资产进行核算,无形资产也应该加入核算范畴,只有对各项资源充分利用,才能使其发挥出自身最大的作用。

传统的高校财务管理是以"内外支付,报销记账"为主要内容的核算型管理,主要目标是把国家给的钱按要求管好,有多少钱办多少事,缺乏科学的财务资源配置,没有进行投资成本核算,不讲求资金使用效益。这种观念已经远远落后于社会的发展,对于高校的生存来说是相当不利的,现如今市场经济已经发展到方方面面,作为高校,更应该遵循市场规律,对资源进行合理配置。不仅如此,在对财务进行管理的时候,不能再仅仅通过核算,更应该通过管理来实现对财务的合理配置。高校要具备资源配置的观念,只有对资源进行最优化的配置,才能最大限度地利用资源,促进学校的发展。高校还要具有成本效益的观念,办学的成本和效益应该是相关联的,只有这样才能促使高校用较少的成本投入,来获得最大的收益。

(四) 成本与收益理念

强化投入产出与成本效益意识,不断提高办学资金使用效益。高校作为非营利组织,习惯于不计投入、不计成本,有成本最大化倾向。但在市场经济条件下,由于资源取得有难度,必须精打细算,对投入进行明确的规划,对产出进行明确的考量,才能使办学资源可以得到充分的使用。

高校在进行财务管理的时候，只有对成本和所能获得的效益进行详细的分析和计算，才能使投入和产出之间的关系越来越紧密，在对资金进行利用的时候，才能取得更好的效果。但是，我国高校往往并没有对教育成本进行相应的核算，这样就使投入和产出之间并没有明确的配比关系，很容易导致投入和产出的不平衡，很有可能出现投入很多，而最终产出却寥寥无几的情况，这就会造成资金的浪费，对于高校的发展是相当不利的。高校应该树立成本效益等相关观念，对投入和产出之间的关系进行合理安排，降低成本、提高效益，从而使资源得到最充分的利用，实现经济效益的最大化，并且同时促使社会效益也实现最大化。

在进行财务管理的时候，"节约化"是非常重要的理念，是理论基础，可以促进财务管理更加规范、科学。这种节约主要体现在三个方面：第一，精准进行预决算，要尽可能节省不必要的开支，对学校的财务采取相应的导向性举措，收入和支出之间要尽量保持平衡。第二，要积极开展宣传活动，增加收入、节约支出，将其重要性传播给大家，减少学校资源浪费，将正确的消费习惯建立起来，强化大家的意识，实现资源节约。第三，在管理财务的过程中，要尽量规范化，严格遵守相关的制度和章程，做到节约不浪费资源，在进行支出的时候，要遵循审批程序进行严格把关，如果程序不合规，则无法成功支出，不仅如此，还要明晰公私之间的界限，不能将二者混合处理，使得财务出现混乱。

（五）筹资与风险理念

1. 树立新的筹资观

高校办学资金筹集不再单纯依靠政府拨款，而应充分发挥高校优势，通过办学广开财源，独立进行发展，不能"等、靠、要"，要开源，增加财力，同时节流。筹资观的转变主要表现在注重管理的范畴中，从支出领域抓紧转移到收入领域，不仅要向上级积极申请资金上的支持，还应该积极主动地开辟新的渠道，从而拓宽资金上的来源，从多种渠道筹集资金。

2. 树立新的筹资风险观

学校和银行的合作在不断发展，高校有时候会选择负债运行，从而期待自身能够取得更好的发展，但是如果发生无法对债务进行偿还的情况，这就会导致危机。高校可以选择贷款的方式来经营，但是也要意识到，贷款经营在带来方便与好处的同时，也会带来坏处，如果高校无法充分认识这些风险，那么到了后期随着贷款规模的增加，自身可能无法偿还这些债务，这对于高校的发展来说反而会产生阻碍。有的高校为了偿还债务只能再去借新贷，这样利息会越来越多，不仅高校自身承担着巨大的财务风险，严重时自然对于其运营发展也会造成不小的影响。所以，高校要谨慎申请贷款，在借贷的时候要对借贷的渠道、规模等各方面内容进行审慎考虑，贷款由谁申请的，那么最终也要将责任落实到谁身上，校长必须对高校的贷款负责。如果想使高校更好地履行自身的还贷问题，领导需要对学校的资金情况进行了解，只有这样才能更好地促进高校自身的发展。高校不是一个专门的盈利场所，其具有很强的公益属性，所以这也决定了高校不能随意地挥霍资金，必须要精打细算，对成本进行充分的考虑，尤其是针对银行贷款这种有偿的资金筹措方式。高校必须要重视效益，对财务风险保持一定的敏感性，同时对现有资源进行充分整合，在贷款的时候要注意贷款额度要适当，不要超出自身的承受能力。在现在这个信息化的社会，不仅仅是贷款会对高校造成危机，网络、高科技等也会带来一定的风险。

（六）全面预算理念

高校在财务方面一定要进行全面、充足的预算，只有具备了充足的准备，才能更好地进行统筹，才能更好地安排和规划，从而使得每一个环节都能有条不紊地进行。可以采用量化货币的方法，从而使各项业务都能得到足够的资金，更好地运转，使资金得到充分的利用，从而达成高校目标。

（七）内部控制、财务审计、融智高于融资与财务公关理念

1. 内部控制理念

高校在进行财务管理的过程，需要在内部进行控制，从而使财务工作可以实现规范化的管理，无论是财务人员，还是后勤人员等各方人员都会被涉及其中，而内部控制这一理念恰好可以使得财务的全过程都更加规范，这样就可以保全资产，从而提升财务管理的效率，使财务相关的报告更加真实。

2. 财务审计理念

针对领导者，可以采取离任经济责任审计，在评价其在任期间的业绩时，必须保证公开、公平、公正，通过财务审计可以使一些违纪行为得到遏制，并且对现任的领导形成一种警示，必须在心中树立起一道红线，知道什么是不可为的，如果上一任离任领导曾犯下过错，那么作为新上任的领导者，就更应该引以为戒，谨慎、自律、廉洁奉公。审计的结论必须要保证其是综合性的，不能有失偏颇，要具有真实性、客观性。

3. 融智高于融资理念

对于企业来说，凡是能够帮助企业产生利润的所有资源都是资产，人力资源同样也是企业的资产，并且这项资产是十分重要的，企业如果没有人力资源，那么其要想发展起来必然是苦难重重的。而作为高校来说，进行财务管理不仅是要融资，更要融智，只有将优秀的、有智慧的、有经验的人力资源充分引进到高校当中，才能使得高校取得更好的发展，这些人力资源就形成了人力资本，能够为学校创造更高的效益，形成很高的附加值。

4. 财务公关观念

作为财务人员，不能不和外界沟通，要经常联系税务、银行、上级等，争取他们的支持，加强双方之间的沟通，双方能够彼此理解，从而使工作进行得更加顺畅。财务部门的作用包括很多方面，既负责监督，又负责服务，如果和使用经费的部门出现不一致的看法，那么就非常容易引起争议，这就需要换位思考，使得财务工作可以更加有效地进行。

二、高校财务管理观念的创新

（一）战略目标与全球化观念

1. 战略目标观念

在进行财务管理的过程中，高校必须要对"放"和"收"之间的关系进行妥善处理,在对资源进行配置的时候,必须要考虑到高校的战略目标,并将其作为手段,对资金进行合理使用,对资源进行合理配置,追求长期效果,不要被眼前短暂的利益蒙蔽了双眼。这就是说,在对资金进行安排的时候,应该将特定的目标制定好,并且最好是能使资金发挥出自身的作用,实现预期的效果。绩效预算这一理念也需要得到重视,这一理念可以对成本进行有效的控制。

2. 全球化观念

现如今是一个全球化的时代,信息技术的高速发展使得地球村的概念越来越深入人心,国际上的交流也越来越多,在世界这个大舞台上,只有将目光放长远,观大局,才能使自身跟上时代的脚步,最终取得发展。信息技术为我们提供了学习别国先进经验的机会,使财务管理工作进行得更加顺利,提高了工作效率。财务管理者在进行财务管理的时候,必须要树立全球化的观念,作为高校的财务工作者更应该如此,要对高校的信息资源和技术进行充分利用,从而使人们的观念得到转变。

(二)经营与价值创造观念

1. 经营观念

高校是一个经济实体,由于资源的稀缺,任何组织的资源都是有限的,高校各项事业发展都需要资源投入,这就需要科学地配置资源,盘活存量,使有限的资源发挥最大的效用。

(1)高校财务管理是高校内部管理体制中的重要组成部分

高校在进行建设的过程中,财务管理可以运用经营的手段。高校根据社会的实际状况,根据经济的实际发展水平,根据自身的目标和取向,对财务进行经营,如果要想使其符合时代的发展规律,也符合运行的机制,就必须要不断进行调整,从而使得高校和其他组织之间的关系更加协调,在不断经营的过程中,高校真正成为一个进行经营的主体,并且可以取得很好的经济效益和社会效益。

作为高校,所谓的财务经营并不是让其像企业一样追求利益的最大化,而是要有自身的战略目标,并且根据这个目标,不断调整资源的配置状况,从而使资源可以实现最大限度的利用。对于高校来说，这个过程是一个精心筹措的过程，在经营中不断地将成本等意识逐渐树立起来，尽量降低成本，最大化利用资源，使高等教育可以发展得更好。

（2）高校财务经营具有必要性和紧迫性

高校之所以要财务运营，这是因为环境在不断变化，理财环境改变，使高校需要经营财务，从而更好地应对各种挑战。现如今是知识经济的时代，我国的市场经济也取得了相当大的发展，高等教育市场的竞争也越发激烈，这就直接导致了高校理财环境的变化。第一，随着社会的发展，我国的高等教育需要在体制上进行改革，只有这样才能使得各方的关系更加明确，从而使高校办学更加符合体制要求，政府负责在宏观上进行管理，而学校则进行自主的办学，主要面向的是社会，在这个过程中，高校需要不断转变自身的经营方式，提升自身的能力。在高校经营的过程中，必须重视财务管理的重要性，在高校进行变革的同时，其财务运营也应该相应的进行变革，从而适应高校的发展。第二，随着我国教育水平的不断提升，高等教育也在逐渐扩大规模，只有加大投入才能实现更快速的发展，目前面临的情况是国家的投入很难实现提升，这个时候高校就需要从多个渠道来融入资金，才能保障学校发展有充足的资金，不仅如此，高校还要节约，将有限的资金进行最有效的利用。第三，市场在发展，高等教育所在的市场也在不断地前进，如果高校的教育经费来自多个渠道，那么在进行财务管理的时候，就需要非常谨慎，因为多个渠道的资金管理是非常复杂的，并不是单一的，这就要求高校必须要改变自身观念，对成本等各方面的内容进行充分的考量，建立合理的运营机制，使收益明晰，投资可以得到合理的运用，同时还要知道可能会发生的风险，做好预案，从而对风险进行控制。

要想将高校的经营观念树立起来，其主要内容主要包括以下三个方面：

①在对财务进行经营的时候，需要充分地进行预算，这在财务管理的过程中，是非常重要的一个环节，因为预算可以使得高校的财务管理得到更好的应用，在经营观念中加入预算，就使得高校可以对财务进行更好地管理，在向申请资金的时候就可以更加科学、合理地进行，这对于学校的发展和建设来说，也是一件好事，使得学校的资金可以得到更充分的利用。用经营观念来指导学校管理人员的

行为，可以促进预算的创新发展。预算的发展可以带动高校财务管理的发展，以争取向上级部门申请到更多经费用于学校的建设。有效的财务预算报告会使学校的发展规划与学校的资金供求能更好地形成对接，使学校教学的发展有充足的财力保证。

②将财务分析纳入财务管理方面的经营观念中。高校财务分析是指财务部门运用特定的方法通过本年度的财务预算、资金收支、资金使用方向等方面全面地对本校的财务情况进行有效分析，确保财务管理工作有效地进行，这是财务管理工作中尤为关键的环节，直接影响到学校资金的流向以及学校的发展。将财务分析纳入经营观念中来，使财务分析受到更多的重视，有利于财务分析在各个高校的发展及应用，帮助管理层作出有利于学校发展的决策。

③将高校财务管理目标的创新纳入经营观念中。财务管理作为高校工作的重要板块之一，要不断地促进高校财务管理工作的方法以及效率的发展，将财务管理工作纳入高校经营观念中，为财务工作创造发展的动力，使财务管理更加平稳健康地发展。

2. 价值创造观念

（1）将高校财务管理建立在价值管理的基础上是具有必要性的

首先，高校的生产活动也可以用"投入——生产——产出"这样的链条来表示，高校的产出如科研成果或毕业生等，都表现出了高校生产活动社会价值的实现，但是与企业不同的是，"投入——生产——产出"过程很难描述像高校这样一个组织的生产全过程。受货币计量的限制，传统的高校财务会计仅仅局限于收入支出和结余的计量，实际上只是记录了一个资源消耗的过程（还很不全面），在传统的高校财务会计体系中对产出是没有任何体现的，由此对投入产出以及成本效益的分析难以进行。对于高校这样以无形资产和人力资产为主要产品的组织，需要打破传统的货币计量约束，将财务管理建立在价值管理的基础之上。其次，大学办学的资源总是稀缺的，大学之所以为大学，就应该是培养人才、创造知识以及服务社会的。正是由于资源的稀缺，使大学首先要解决生存问题，因此价值管理就被提上日程了。

（2）将高校财务管理建立在价值管理的基础上是具有可行性的

大学的活动可以按照"投入——生产——产出"过程进行价值链分析。投入是指包括人、财、物在内的各类资源的投入或消耗，生产可以根据大学的基本功能分为人才培养、科学研究和社会服务三类生产过程。大学在运转下完成基本价值活动（生产知识产品、精神产品、学生"产品"）和附加价值活动（形成大学精神、校园文化）。大学作为利益主体可以分解为相互联系的不同活动单元，这些相互联系的活动单元构成了价值链，对价值的管理就是对资源在价值链上的转换和增值的分析。"产出"是整个价值链分析的关键，对产出的定义关系到对生产各环节价值贡献的评价。

（三）知识资本观念

在知识经济时代，科学技术就是生产力，而且科学技术已经成为经济发展的决定性因素，科学技术资本化得到社会的普遍认可，成为推动经济发展的决定性力量，而担负着高科技人才培养重任的高校，要有社会知识创新、科技创新、管理创新的意识，重视知识经济的发展，强化知识资本观念，能对科技发展的人力资源成本和价值进行科学确认与计量。创新高校财务观念，更要注重知识资本的开发和管理，提高知识资本的使用效益，使知识资本的管理成为未来高校财务管理的重要内容。

（四）信息化与网络化观念

1. 信息化观念

21世纪是信息化的时代，信息技术已成为主宰社会经济发展的强大力量。作为高校的财务管理人员，要积极树立信息化观念，要以财会电算化为龙头，全面启动高校的财务信息化管理工程，要以信息集成、资源共享、平台共用的现代信息化观念实现高校的财务信息流程再造，以为高校发展提供科学、及时的预测和决策信息。要高度重视校内和校外经济信息的全面性、准确性，这对财务管理的有效性具有非常重要的意义。

2. 网络化观念

网络技术的飞速发展，为高校财务管理提供了高效率的操作平台，并以此为基础产生和发展了网络财务，实现了财务与业务的协同，最大限度地节约了资源。因此，高校财务管理人员要适应网络环境的变化，牢固树立网络化观念，要充分利用信息网络，形成信息交流机制，提高信息共享程度，为高校提供全面的战略信息和财务报告。数字化、信息化和网络化是当代社会的一个显著特征，集成化、标准化、流程化的管理成为今后财务管理工作的发展趋势和方向。在高校规模化及分级管理体制下，需要结合信息技术和网络技术，实现财务数据的有效采集与挖掘，形成科学化、标准化、精细化的财务管理模式，为管理决策搭建信息沟通平台奠定坚实基础。

第三节 高校财务管理技术创新

一、云计算技术与高校财务管理

（一）云时代下的高校财务管理

随着云时代的到来，利用云计算技术实现财务与"云"的结合是未来财务发展的必然趋势。高校财务应充分把握云时代为高校财务管理发展所带来的机遇，利用"云财务"管理模式有效解决传统财务管理模式中管理效能较低、财务信息凝滞、信息化成本高等诸多问题，提高高校财务管理的工作效率和管理水平。

1. 云时代的背景

随着现代科技的迅速发展，从知识经济时代、全球化时代到互联网时代，从不同角度看现今时代有不同的定义。现如今，一个全新的称谓——"云时代"，快速吸引了人们的目光，并进一步改变着我们的生活。所谓云时代，实际上是云计算时代的简称，依托云计算技术的不断普及，带来信息系统结构颠覆性的变革。2007年IBM（国际商业机器公司）和Google（谷歌公司）宣布了云计算领域的合作后，云计算开始作为一种全新的商业和应用计算方式被提出，并迅速成为学术界和产业界研究的新热点。随着近年来的快速发展，简单的云计算技术在网络服务中已经随处可见，如搜寻引擎、网络信箱等，用户只要输入简单的指令即可获得大量的信息。因此，云计算正以其超强的计算能力、灵活方便的操作模式，以及较高的可靠性与通用性引领着信息时代前进的方向。

财务管理与"云"的结合，可打破地域、时间和传统意义上核算主体的约束和限制，使会计核算的职能更加清晰与专业，管理更加精细化。

2. "云财务"的提出对高校财务管理的借鉴意义

高校财务管理所需的数据和资源都存储在"云"中，财务人员可以随时随地地处理各种账务，不受时间、空间的限制，这为财务人员下学院、下基层为广大教职员工服务提供了技术支持，较好地实现了财务服务重心的下移。

基于以上原因，未来高校财务工作的发展方向应是通过网络服务实现财务的所有职能，任何需要到财务部门办理的业务均可在网络上办理，教师、学生足不出户即可办理学费缴交、经费报销、项目结题、经费使用情况查询等业务，基于云计算的"云财务"管理模式将这一设想变为现实。高校可以把自有的业务流程和想法快速应用到管理软件中去，通过信息系统模块的个性化定制，使服务对象只要处于网络中，无论其所处位置和使用终端类型是什么均可以获取服务。所请求的资源来自"云"，应用在"云"，服务对象只需要一台个人电脑或者智能手机等终端，就可实现通过网络服务办理所有经济业务。

3. 高校"云财务"管理模式

（1）"云财务"管理模式概述

"云财务"管理模式是一种全新的结合网络应用的财务管理模式，通过利用云计算技术的优势与特点，有效解决传统财务管理模式中管理效能较低、财务信息凝滞、信息化成本高等诸多问题，经济高效地为会计核算、会计管理和会计决策服务。

（2）高校"云财务"管理模式的特点

在"云财务"管理模式下，高校管理层和财务数据使用者可以随时随地地实时查看高校财务数据，信息的同步和共享变得更加便利。

"云财务"灵活的自定义功能和个性化服务可以满足服务对象的各类需求，能将会计分录、会计核算、财务报表等应用中个性和变化的要素转化成会计软件中的自定义功能，按服务对象的需求提供其所需的信息。

随着高校财务管理水平的提升，财务管理的功能与作用已逐步上升到服务学校战略的高度，财务提供的原始数据是学校进行重大战略决策的决定性因素。然而，现有的高校财务管理系统仅局限于传统的原始凭证的录入以及提供简单的账务查询功能、原始数据的分析、归纳功能较为薄弱。财务报表基本采用固定格式，所能反映出的高校资产、负债情况较为单一，无法满足个性化的信息需求，严重影响了财务管理在学校经营决策、分配政策等方面本应发挥的重要作用。除此之外，高校财务管理主要为教学科研服务，高质量的服务就是以最快的速度为广大教职员工提供全方位的服务，使他们有更多的精力与时间投入到教学科研工作中。

由此，这必然要求高校财务工作者不断创新服务方式，充分利用先进的信息系统提高服务水平。

云计算提供商拥有超大规模的"云"，可为用户搭建信息化所需要的所有网络基础设施和软硬件运作平台。高校无须再购买诸如服务器等昂贵的设备，也不需要为计算机和应用程序的升级维护而付费，可节约大量的购置成本、运行成本和维护成本。

4.云时代为高校财务管理发展所带来的机遇与挑战

"云财务"管理模式的运用虽然可以解决许多传统财务管理中的问题，但是新机遇势必也会是新挑战，毕竟"云财务"是一个新概念，其推广和应用还需要一个较长的过程，还有许多问题等待着解决与完善。首先，"云财务"是基于云计算技术而建立的财务管理模式，我国目前的云计算建设仍处于起步阶段，技术尚未完全成熟，且与之相对的云计算标准及法规有不少空白，因此无法提供明确的云计算数据安全指导方针与要求。其次，财务信息的安全是财务工作的重中之重，在"云财务"模式下，所有信息都储存在"云端"，程序应用在"云端"，如何保障"云端"高校财务信息的安全是影响"云财务"管理模式在高校中大规模使用最重要的因素。最后，对新生事物的接受程度也影响了"云财务"管理模式的推广与使用。基于云计算的"云财务"管理模式可以说是高校财务信息化的一次重大变革，财务的运作与管理流程发生了翻天覆地的改变。高校财务人员应通过主动学习，在思想上保持创新的思维模式，在行动上时刻关注云计算的最新知识，以迎接高校财务管理云时代的到来。

"云财务"管理模式是高校财务管理在云时代下的新模式，是传统财务管理在新的网络环境下的发展和完善。云时代下云计算的出现及应用，使高校财务管理进入了一个新阶段，虽然在技术上不够成熟，但是任何事物的发展都需要一个循序渐进，不断摸索、完善的过程。随着市场的不断成熟，相关法律、法规的建立健全以及相关标准的出台，将会使越来越多的高校在观念上接受这种新模式，主动运用新模式来提高高校财务管理的工作效率和管理水平。

(二）云计算背景下的高校财务信息化

在互联网时代，高校财务信息化建设问题逐渐成为高校财务管理中不可忽视的一部分，这一工作的开展需要与新兴技术相结合。目前，我国对高校教育的财政投入不断增多，高校发展速度较快，随之而来的是，我国高校财务信息化建设工作面临力度不强、基础工作准备不完善等问题，这些都使高校财务管理工作开展举步维艰。所以，高校应加强财务信息化建设，并在其中融入云计算技术，使其得到更为长远的发展。

1. 高校财务信息化建设所面临的挑战

在高校财务信息化建设过程之中，引入云计算固然符合其工作发展需求，也能顺应未来发展趋势。但是，基于云计算的高校财务信息化在其发展道路上也将面临挑战。这一挑战主要表现在以下三个方面：

第一，财务系统的安全问题。财务数据的安全有效是保障财务工作顺利开展的基础。云计算背景下开展的财务信息化工作需要将核心财务数据储存在云服务器上面，但即便云服务商为其服务器配置了最为先进牢固的安全防御系统，并有专业的安全维护人员负责，但存储数据的安全性仍然无法得到全面保障，一旦出现数据泄露，势必会对高校财务工作造成重创。第二，财务工作开展的观念问题。云计算技术的介入，会使得财务系统得到进一步优化，而财务工作流程也将发生较大改变。但是，高校财务人员因为受到旧有观念以及个人能力的限制，并不能完全适应这种变化，会阻碍这一工作的开展。第三，财务工作的数据转移问题。这是基于云计算的财务信息化建设工作难题之一。这并不是单纯的数据复制，在数据转移过程中，很可能会出现人为篡改或因数据接口转换而出现读取失误的情况。对于高校而言，将财务信息转移到云计算财务系统之中将耗费大量的人力、物力。

2. 云计算背景下的高校财务信息化模式

身处大数据时代，云计算的应用对于工作信息捕捉利用以及工作效率提升具有重大帮助。基于此，高校所开展的财务信息化建设应该与云计算实现深度融合。一方面，高校的财务信息化系统应该具有其独特性，体现其个性化信息服务优势并实现合理的成本管控；另一方面，需要建设财务数据信息平台，以实现高校事务管理与财务核算的有机结合。

（1）IaaS 模式

IaaS 模式（Infrastructure as a Service，基础设施即服务）是一种非常典型的云计算服务模式。在这种模式下，消费者可借助互联网从完善的计算机基础设施之中获得服务。基于互联网的储存和数据库是 IaaS 的一部分。通常来说，这种模式有三种用法，分为公有云、私有云以及混合云。而在应用时，云计算服务商提供给消费者的可利用计算基础设施包括路由器、中央处理器（CPU）以及储存设备等。云服务提供商会对相关资源进行部署，并为用户提供统一的数据端口以便于使用。可以说，在 IaaS 模式下，云服务提供商就是通过提供网络资源以及基础设备来满足高校财务工作需求的。所以，应用此模式的用户并不需要为基础设施的部署以及维护问题而担忧，也不需要费心于财务数据的转化和传递，只要专注于财务处理工作本身即可。

IaaS 拥有其自己的计费方式，通常以资费量来计费。应用该模式所需要的网络宽带与服务器数量都属于其计费范围，其资费内容还包括储存空间的大小以及租赁市场等。在统计该模式所耗的费用时，应该对各项资费进行综合计算。如果某高校选择了 IaaS 模式，那么该高校就会以接收可量化的基础设施资源的方式与云服务提供商达成合作。在这样的合作背景下，高校开展财务信息化建设工作时所投入的成本将明显减少，其不仅不需要支付昂贵的信息设备采购和维护费用，更不需要在此方面投入过多的人力成本，只需要根据自身的实际需求，向云服务提供商租赁相关资源就可以顺利开展工作。如此一来，财务信息化建设的发展成本将有效降低。

（2）PaaS 模式

PaaS 模式（Platform as a Service，平台即服务），也是互联网服务的类型之一。应用这种模式需要搭建一个信息服务平台，而用户可以基于此平台自主完成定制软件的开发。换言之，PaaS 模式为消费者提供的服务是基于软件开发方面的。当用户在服务商所搭建的信息服务平台上进行了语言或工具开发后，这些程序将被部署在服务商的云计算基础设施上。在这种情况下，用户所需要的平台、技术辅助以及编程规则等都由服务商提供，而用户只需要根据其自身需求进行搭配即可。

PaaS 模式收费并不固定，会根据其语体使用情况而上下浮动。其收费系统涵盖内容较为广泛，从构建平台所需要的基础设施数量，到平台功能模块，再到用户数量都包含在 PaaS 模式的收费标准之中。这种模式具有极为鲜明的特点，即可以最大限度地让客户实现自主定制，满足他们的个性化需求。对于高校财务信息化工作的开展而言，个性化定制是其必要需求。所以，PaaS 模式与高校财务信息化建设的发展需求相契合。如果高校选择这种模式开展工作，则需要组建相应的人才队伍，打造一支专业性和灵活性极高的团队。为开发此类型的财务信息化系统，高校需要选择财务人员、计算机软硬件专家以及学校的业务管理负责人，并让他们实现通力合作，只有这样，才能既保证该系统的专业性，又保证该系统的适应性，满足高校的个性化软件定制需求。

综上所述，云计算背景为高校财务信息化建设提供了新的发展路径。在相关工作开展的过程中，工作人员应该积极引入云计算技术，并基于高校财务信息化需求的现状和问题，对财务信息化建设工作的开展模式进行分析，建立起基于云计算的高校财务信息化应用模式。

二、区块链技术与高校财务管理

（一）区块链技术概述

1. 区块链的概念

区块链是一种将时间顺序上产生的数据区块以链式结构存储，并辅以密码学原理保证数据真实性和准确性的分布式共享账本，其具有去中心化、去信任化、非对称加密、共同维护、不可篡改等特点。

在区块链模式中，业务的各方参与者产生的数据信息均通过网络节点接入区块，并以代码和分类账的形式保存于该节点中。由于每一个节点的信息与其他节点信息的交互都是建立在区块链共识的基础上的，因此业务的参与者之间无须建立信任机制，也无须传统的中介。在区块链的数据传递中，每一节点数据的更新都会与其他节点同步，这就是说每一数据节点的参与者既是数据的记录者、使用者，也是数据的维护者和监督者。如果某一节点数据发生改变，其他节点会通过密匙与之进行验证，如果不能匹配，其他节点会拒绝该节点的信息变更。因此，区块链能有效地保障数据的真实性，确保数据不被恶意篡改。

2. 区块链的工作机理

区块链是非单一的，是由密码学、数学、网络学等多学科技术融合为一体而形成的数据区块组成的，每个区块中包含按照时间顺序产生的、无法被改动的数据信息，这些信息是由现实交易形成的。整个区块链中有很多的节点，每一个节点遇到新数据时会记录下来，并在全网传播，其他的节点接收网络信息并进行数据是否真实合法的检验判断，检验通过的信息将存储在区块内，网络共识机制将会对区块内的数据进行检查，通过后储存在主链上。

3. 区块链的特点

（1）去信任化

从以上区块链的形成机理可以看到，区块链是通过双方直接清算、数据加密验证、核实并锁定信息的，避免了对第三方的依赖，减少了层级，降低了成本，避免了由于第三方所导致的失信风险和信息泄露风险。

（2）去中心化

传统的信息化管理模式通常有一个最高权限，其他的权限需要层层授权和审批，各层级权限不等。而在区块链技术中，每个节点的权限均是相同的，节点之间的联系通过共识机制维持，相关协议自动遵循、权限均等、义务均衡。

（3）匿名交易

区块链技术在信息交换过程中数据安全完整，各区块之间互相信任，信息处理即时完成清算，无需对身份加以验证，整个网络遵循固定的协议，匿名交易成为现实，为保护信息的安全性提供了可能。

（二）区块链技术对高校财务管理的有利影响

高校的财务管理涉及各类数据信息，包括人员数据、缴费数据、科研业务往来数据等，可以说高校的财务管理包括了对财务数据信息的处理。区块链技术作为信息处理的底层技术，当其在财务领域被广泛应用时，高校也会随着相关行业运作和管理模式的变化而受到多方面的影响。

1. 有利于保障高校财务信息的真实性

高校的财务机构相对于学校这个庞大的机体来说就是一个较小的管理和服务部门，其处理着学校所有跟财务相关的业务。财务人员没有足够的时间和精力去验证报销业务的真实性，仅能凭经验进行判断。假如区块链技术在各行业中被普及使用，那么所有的业务在区块链上都会有记录，会计数据的校验将通过链条完成。通过读取区块链上存储的信息，财务人员可以追溯业务发生的时间、地点、参与人等信息，及时验证业务的真实性，有效地降低了财务人员舞弊与发生差错的风险，有利于保障高校财务信息的真实性。

2. 有利于提高高校业务处理的效率

在高校中，会计业务的发生往往会涉及各个部门，需要部门之间分工与协作。学校的各个部门都有自己的一套运作系统，在通常情况下，这些系统并非出自一家公司，因此在数据传递上会存在对接难、耗时长等问题。此外，业务的办理需经过各项审批手续，流程烦琐，耗时较长。比如，学校需要招投标一套大型设备仪器，可能需要设备管理部门、招投标部门、合同管理部门和财务部门的共同审批，每个部门需要的资料不同、审批的内容不同，经办人在办理时往往会多方协调，反复递交资料，如果资料需要部门负责人签字或者校级负责人签字，可能还会等待更长的时间。假如将这些数据信息录入系统，通过区块链技术进行存储和传递，那么所有的部门都可以读取相关信息，使用同一份资料，签审人员可以及时地看到其他部门的处理情况，部门负责人或校级负责人也能通过系统读取区块上的数据进行签署。因此，区块链技术的推广有利于优化高校业务办理的流程，缩短业务办理的时长，提高业务处理的效率。

3. 有利于高校电子票据的管理

电子票据是近两年出现的新事物，高校对于电子票据的报销管理没有统一的规定。电子票据并不具有有效的实体，在现行的会计制度中，财务报销需要纸质资料，因此，在通常情况下会要求经办人将电子票据打印出来进行报销。但是，打印版的电子票据并不具有唯一性，可以被无限次复印，甚至在复印过程中票据信息可能被篡改，这些不具唯一性的打印版电子票据有可能被用于多次报销，这将增加高校财务舞弊的风险。在区块链模式下，业务交易将按时间顺序保存于数据区块中，并且所有交易都将被对外传播，重复性的交易会被其他区块拒绝。因此，业务的售货方开具电子票据上传到区块后，当购货方的财务在区块链上读取电子票据的信息进行验证并做账务处理时，该电子票据将被标记，这样既保证了电子票据数据的真实性，也使得这张电子票据不再具有被二次报销的可能性。

（三）区块链技术应用于高校财务领域带来的变革

区块链因其较高的工作效率、较低的交易成本受到了各行各业的青睐。对于高校财务工作中存在的问题，可尝试借助区块链的优势，从信息化角度进行创新性思考和解决。

1. 区块链技术对预算管理的影响

预算是高校站在未来发展的角度，在按照轻重缓急的顺序全面考虑各种关系的基础上，对办学资金进行的一种全面规划。区块链技术的去中心化特点，避免了传统的预算编制由财务部门全权负责、其他部门配合不积极的状况，可以在没有人为干预的情况下，从业务部门自主获取预算编制需要的基础数据，帮助财务部门与其他部门建立联系，形成有效的数据流。同时，在信任假设条件下，区块链技术匿名交易的特点可以避免信任缺乏的弊端，提高信息的安全性。例如，预算编制需要采购部门的信息时，在区块链技术下，系统可以自动获取关于下一年度采购方面的规划，并结合市场信息综合考虑预算规模后生成预算。自主获取数据、自主编制预算、自主预算分析的全面管理的预算会计系统的建立，就是得益于区块链的强大功能。

2. 区块链技术对会计核算的影响

区块链具有去中心化的特点，即节点与节点间的信息不需要通过授权实现，没有级次差别，所以在总账目和分账目之间就不存在中心化的问题，全网所有节点都会保存全部的交易信息，具备分布式账本的特征。区块链技术将会在以下多个方面改变高校传统的会计核算方法。

在单据稽核方面，新的技术环境改变了传统的人工识别方式，全部转换为由区块链技术所形成的网络系统进行信息提取。由于区块链信息具有不可逆性及防改动的特点，涂改信息的行为很容易被其他节点发现，所以网络中的信息是比较安全的，发生信息舞弊和差错的可能性极小。例如，某高校教师因科研需要购买耗材，会产生增值税发票、入库单、合同等单据，区块链系统会储存这些留有时间戳的信息，报销时会从接口自动接至区块链系统中，以验证信息的符合程度。

在资金运作方面，借助区块链技术点对点的功能，无论是国内还是国外，不论金额大小，高校资金转移都不需要通过银行，可直接在单位之间实现，节省了时间和手续费，提高了工作效率。

在会计核算方面，区块链技术的去中心化特点使分布式记账成为可能，数据的来源和控制均属于交易各方，不再需要第三方机构。此外，目前会计的部分计量属性很难得到准确的信息，运用区块链技术后，公允价值、可变现净值等数据便可通过网络找到真实、客观的信息，为客观核算提供支持。

在财务报告方面，传统的做法是上级部门布置任务，各下级单位填报后进行上报。运用区块链技术后，工作将变得简单化，相关部门需要报表数据时可以从链条中自动提取信息，这样既保证数据的准确性，又提高填报效率。

3. 区块链技术对信息系统的影响

在数字化浪潮下，目前高校的信息化建设只是简单地脱离了手工记账的传统阶段，今后区块链技术将对信息化水平的提升产生巨大贡献。区块链系统的时间戳功能可以记录交易的时间信息，结构化存储方式将成为历史。数据存储方式的改变将在内外部信息的沟通中改变我们的生活。在高校内部的信息管理方面，目前的主动联络和上报信息将成为过去式，系统自动采集数据将极大地提高工作效率，信息更加客观准确，各部门之间的信息还可以相互印证。在与外部其他单位的联系时，不再需要中介机构，可以实现点对点的联络，如高校因基建需要从银行贷款融资时不再具有门槛，高校从系统中发出信息，区块链网络收到信息后进行识别，通过的交易结算会显示执行进度，一定期限内高校就会收到融资款项，减少了复核等环节带来的成本。

参考文献

[1] 李强. 高校财务管理与发展新探 [M]. 成都：电子科学技术大学出版社，2021.

[2] 乔春华. 新时代高校财务理论研究 [M]. 南京：东南大学出版社，2020.

[3] 周亚君，刘礼明. 高校财务管理案例剖析 [M]. 南京：南京师范大学出版社，2016.

[4] 金云美. 高校财务管理与控制 [M]. 北京：中国经济出版社，2012.

[5] 胡服. 中国高校财务管理探索 [M]. 昆明：云南人民出版社，2014.

[6] 陈波. 我国高校财务管理创新与国际经验借鉴 [M]. 北京：国家行政学院出版社，2018.

[7] 邹传教，董慧英等. 公共财政与高校财务改革研究 [M]. 南昌：江西高校出版社，2005.

[8] 张继林. 地方高校扩张财务风险与控制 [M]. 北京：中央民族大学出版社，2008.

[9] 宋振水. "互联网+"视域下的高校财务管理创新研究 [M]. 西安：陕西科学技术出版社，2022.

[10] 高新亮. 新时期高校财务管理创新探索与发展 [M]. 北京：中国水利水电出版社，2019.

[11] 刘维. 高校财务管理存在的问题及其对策 [J]. 经济研究导刊，2022（26）：111-113.

[12] 刘武,董瑶.高校财务管理问题与对策探析[J].安康学院学报,2022,34(01):113-116.

[13] 徐静,李玉刚.基于大数据时代的高校财务管理信息化建设的分析[J].审计与理财,2022(01):50-51.

[14] 王鹏,耿彦军,黄秋玉.新形势下高校财务管理面临的挑战与对策研究[J].教育财会研究,2021,32(04):11-15.

[15] 黄晓兰.大数据与区块链技术在高校财务管理系统中的应用研究[J].商业会计,2020(24):63-66.

[16] 王官禄.高校资产管理与财务管理融合的实践思考[J].会计之友,2020(20):100-104.

[17] 段介夫,郝冬冬.浅析高校财务创新管理[J].中国乡镇企业会计,2019(06):91-92.

[18] 黄韬.高校财务管理内部控制的探讨[J].中央财经大学学报,2015(S2):55-62.

[19] 周彬.对高校财务创新管理的研究与思考[J].当代经济,2015(29):52-53.

[20] 胡家曦.如何加强高校财务创新团队建设[J].中国总会计师,2013(02):92-93.

[21] 谢小乐.Q高校财务管理信息化建设研究[D].南昌:江西财经大学,2021.

[22] 董欣竹.高校财务管理与服务优化研究[D].上海:上海社会科学院,2020.

[23] 关沧海.高校校园一卡通财务管理问题研究[D].北京:首都经济贸易大学,2017.

[24] 张冰清.S高校财务管理问题及其对策研究[D].衡阳:南华大学,2017.

[25] 俞昕蕾.我国民办高校财务管理绩效评价研究[D].南京:南京信息工程大学,2016.

[26] 许薇娜.N 高校财务管理优化研究 [D]. 济南：山东财经大学，2016.

[27] 王洛.高校财务管理模式研究 [D]. 大连：大连理工大学，2014.

[28] 郭丽.高校财务管理工作若干问题的研究与对策 [D]. 武汉：华中师范大学，2014.

[29] 李敏.河南省高校财务管理绩效评价研究 [D]. 咸阳：西北农林科技大学，2014.

[30] 陈松.关于高校财务管理研究 [D]. 开封：河南大学，2012.